用辩证法引导学生写高考议论文

——语文名师写新高考真题作文

王德军 ◎ 著

团结出版社

® 团结出版社，2025 年

图书在版编目(CIP)数据

用辩证法引导学生写高考议论文/王德军著.
北京:团结出版社,2025.4. --ISBN 978-7-5234
-1331-9

Ⅰ.G634.343
中国国家版本馆CIP数据核字第2024S5P766号

责任编辑：张　茜
封面设计：尚　芳

出　　版：团结出版社
　　　　　（北京市东城区东皇城根南街84号　邮编：100006）
电　　话：（010）65228880　65244790
网　　址：http://www.tjpress.com
E-mail：zb65244790@vip.163.com
经　　销：全国新华书店
印　　装：武汉鑫佳捷印务有限公司

开　　本：185mm×260mm　16 开
印　　张：10.75　　　　　　　　　字　　数：164千字
版　　次：2025年4月第1版　　　印　　次：2025年4月第1次印刷

书　　号：978-7-5234 -1331-9
定　　价：69.00元

《用辩证法引导学生写高考议论文》一书是一部极具价值的专著，堪称高考作文指导的佳作。王德军老师以 "下水作文 "为载体，将辩证法的 16 对基本范畴融入其中，落实"言之有物、言之有序"的写作原则，突出论证方法，以真题示范 、"一题多写"的方式，将理论与实践结合，落实育人要求，助力学生拓展思路、提升深度，为语文教学改革提供了宝贵的借鉴。

—— 张定勇（正高级教师、中原名师、特级教师）

序

杨 亮

王德军老师著的《用辩证法引导学生写高考议论文》一书，对现在高中的写作教学具有创新性的意义、特点和作用。目前高中议论文写作存在论证空泛、套用模板、结构混乱等情况，要克服这些困难，培养学生的辩证思维能力尤为重要。

首先，这本书立足于"言之有物、言之有序"这一根本原则。有从孔子的"韦编三绝"到晋文公的"退避三舍"来讲好中国故事的内容；有从儒家的"仁以天下"到唐太宗的"以民为本"来讲好中国故事的思想；有从口耳相传的民间故事到精彩绝伦的戏剧表演来讲好中国故事的形式。王老师从现象到本质条分缕析，娓娓道来，通过多角度、多维度的深度解读，摒弃空洞的口号，跳出滥用的泥潭，将切实有效的文本呈现在读者面前。

接着，王老师用举例论证这一基本论证方法，来作为写作过程中开疆扩土的一把利刃。通过列举丰富贴切的事例，将古今中外的名人故事、历史典故、哲理寓言以及科技新知等多领域素材汇聚于此，让学生在写作时能够信手拈来，避免"无米之炊"的尴尬，并通过练习内化，让积累的素材真正用到实处。王老师以其深厚的学术功底和丰富的实践经验，指导学生如何将抽象的理论具象化，通过观点的灵活阐述，来提升文章的说服力和可信度。

更值得称道的是，本书以高考真题为范例，采用"一题多写"的模式进行呈现，这是突出特点，也是显著优点。书中对实例的分析，展示了王老师在正确的观念下对实践的了解和分析功力，这种模式从各个不同的维度折射了思维的光辉。对于学生来说，用辩证法的 16 对基本范畴来构思作文，而不仅仅是局限于"是什么、为什么、怎么办"的议论文写作经典思路，开拓了他们的写作视野。除此之外，这种"下水作文＋思路解析＋思路拓展"的模式，能帮助学生进一步梳理写作脉络，掌握其应用方法。

我们提出要"讲好中国故事"，这就需要"理性语言"，也就是摆事实讲道理的批判性思维表达。针对写作教学中缺乏理性精神和客观思维的情况，王老师以 30 多年来指导学生写作的经验为依据，将 16 对辩证法的基本范畴运用到写作中，力图打破写作教学面临的困窘局面。他通过对现象与本质、内因与外因的挖掘，理清了事物的内在逻辑，挖掘了题目的深层含义；对立与统一的辨析让学生洞察矛盾的双面性，并运用联系与发展的眼光去把握事物的动态演进。经过反复推敲，以及偶然与必然的争辩，让学生看问题的思路得到拓展，解决问题的手段得到丰富，以至学生再来写议论文，才能言之有物，言之有理。

王老师深耕写作教学研究数十年，在此之前就出版了《规范作文111讲》《校园格律诗写作教程》等专著，面对依然普遍存在的写作困境，王老师笔耕不辍，继续扎根教学一线，将所思所得倾囊相授，就有了今天这本著作。像这样的观念和具体的分析，尤为珍贵，这就是为什么《用辩证法引导学生写高考议论文》值得大力推荐的原因。希望它能推动辩证性思维和论证的意义，能在学生的广泛阅读与实践中，得到更好地实现。

杨亮，河南大学文学院教授，博士生导师，教育硕士（学科语文）牵头导师，语文教育教研室主任。全国教育硕士优秀教师，河南省高校科技创新人才，河南省优秀青年社科专家。

前 言

我为什么要写这些"下水作文"

王德军

这本书收录了我写的 48 篇"下水作文"，写这些"下水作文"是我作为一名基层语文教师落实党和国家对新时代人才培养新要求的应尽义务，也是我将写作理论与写作实践结合起来的具体行动。

2019 年第 1 期《求是》杂志发表了习近平总书记的《辩证唯物主义是中国共产党人的世界观和方法论》一文，文章指出，辩证唯物主义是中国共产党人的世界观和方法论，我们党要团结带领人民实现"两个一百年"奋斗目标，实现中华民族伟大复兴的中国梦，必须不断接受马克思主义哲学智慧的滋养，更加自觉地坚持和运用辩证唯物主义世界观和方法论，更好地在实际工作中把握现象和本质、形式和内容、原因和结果、偶然和必然、可能和现实、内因和外因、共性和个性的关系，增强辩证思维、战略思维能力，把各项工作做得更好。这是党和国家对新时代建设者的明确要求，作为教师，把这一要求切实落实到教学中去义不容辞。

高考作文既是对学生运用语言文字能力的考查，又是对学生认识社会深度和解决实际问题能力的检测，而辩证唯物主义世界观和方法论是正确认识世界和解决问题的法宝，正确运用唯物辩证法写出来的文章，见深度、显高度、有力度。

文以"气"为主，在议论文中，"气"在内容上表现为观点正确、情感充沛，在形式上表现为逻辑严谨、词句整饬。观点正确就是要符合世道公理，世道公理不完全等同于科学公理。科学公理必须用准确的论据支撑，如果论据中有一个例外，公理就不成立了；世道公理则不然，只要它能符合绝大多数人民的利益和得到人民认可即可，有一小部分例外是正常的，所以归纳法包括不完全归纳法中的举例论证是议论文写作中最重要的论证方法。在充分论证之余，如果能让行文情感充沛、逻辑严谨、词句整饬，做到"言之有物，言之有序"，那么文章会更具说服力。语文教师在教学生写作文时，有必要将这些写作规律或方法强调、示范给学生。

学生最喜欢一题多解，作文也可以一题多写。"是什么、为什么、怎么办"是议论文写作的经典思路，唯物辩证法还能提供更多鲜活的思路，运用 16 种辩证思维写同一篇作文，可以印证这种思路的实效性和可操作性，可以真实体现写作理论与写作实践的结合。

基于以上考虑，我将 2023 年新高考作文 I 卷写成了 32 篇"下水作文"，将 2024 年高考新课标 I 卷写成了 16 篇"下水作文"，以抛砖引玉。

为了体现论据的丰富性，我写的"下水作文"篇幅普遍较长，其中的一些排比式例证，删减一些也是可以的。

思维有途径，作文无定法。本书是尝试之作，笔者视域不宽，能力有限，不当之处，敬请行家批评，盼望读者指正。

2024 年 7 月

目　录

第一章　现象与本质

一、哲学阐释

本质是事物的内部联系，是同类现象中一般的或共同的东西，决定着事物的性质和发展趋向。

现象是事物的外部联系，是本质在各方面的外部表现，是丰富、多变、表面的东西，用感官即能感知。

现象和本质是统一的，它们互相依存。本质决定现象，是现象的根据，总要表现为一定的现象；现象是由本质产生的，总是从不同的侧面这样或那样体现着事物的本质，它的存在和变化归根结底是从属于本质的。

现象和本质又是对立的。现象不等于本质，把握了事物的现象，并不等于认识了事物的本质，现象和本质的矛盾，决定了认识过程的曲折性和复杂性。由现象到本质、由特殊本质到共同本质、由初级本质到更深刻的本质、由感性到理性的飞跃，这是人类认识由浅入深、不断深化的辩证过程。

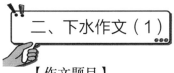

二、下水作文（1）

【作文题目】

阅读下面的材料，根据要求写作。（2023年新高考Ⅰ卷）

好的故事，可以帮助我们更好地表达和沟通，可以触动心灵、启迪智慧；好的故事，可以改变一个人的命运，可以展现一个民族的形象……故事是有力量的。

以上材料引发了你怎样的联想和思考？请写一篇文章。

要求：选准角度，确定立意，明确文体，自拟标题；不要套作，不得抄袭；不得泄露个人信息；不少于800字。

【下水作文】

中国好故事内外兼美

从"四大文明古国"到哥伦布发现新大陆后建立的新国家，人类数千年文明史记载了无数的好故事，概括地讲，这些好故事具有三个共同点：内容好，思想好，形式好。我们可以称之为"三好"，就拿"四大文明古国"之一的中国来说，这"三好"的故事就具有内外兼美、文质毕备的特点，至今仍熠熠生辉。

好内容是好故事的骨骼：洁如玉，坚如钢，立如山。

在我们中国，勤奋向学的好故事精彩纷呈。春秋时的孔子，熟读《易经》以至于韦编三绝。晋代的车胤囊萤夜读，孙康映雪苦学。为了防止学习时打瞌睡，战国时的苏秦用钢锥刺疼大腿，孙敬干脆将头发悬在梁上。为了求学，宋代的杨时与同学游酢冒着大雪到理学家程颐大门外等待求教，以至雪落一尺有余而不觉。还有青年毛泽东闹市读书的执着，陈景润边走路边读书碰了树干头也不抬地说声"对不起"继续前行的专注。

在我们中国，坚守信义的好故事震撼人心。介子推割股奉君，晋文公退避三舍，刘关张桃园结下生死义气，鲍叔牙多分管仲许多金银。民族大义面前，中国共产党人以个人身份加入国民党同心抗战。人民利益面前，孙东林、孙东义兄弟严守诚信，冒雪夜行也要将农民工兄弟们挣来的血汗钱如期发放；胖东来连锁超市创办者于东来坚持明码标价，货真价实；娃哈哈集团创始人宗庆后坚持不上市、不融资，从来没有开除过员工。

中华好故事还有爱国的、创业的、孝亲的、睦邻的……这些好的故事秉人间正气，守道德底线，洁如玉、坚如钢、立如山，以优质的内容濡养着一代代向上向好的人们。

好思想是好故事的灵魂，捧着古道热肠，守着人间正道，肝肺皆冰雪。

人类之所以是万物的灵长，是因为他有高尚的灵魂。任何一种生灵在大自然面前都是微不足道的，但是，在众多生灵与大自然的相处中，唯有人类学会了亲近自然、改造自然、利用自然、敬畏自然。所以大自然奉人五谷以充饥，普降甘霖以润泽，遍洒阳光以送暖，赋予四季以生息。在与大自然的和谐相处中，先人们将自己淘选出来的经验形成故事留给后人，泽被千秋万代。这些故事中，有盘古开天的无畏斗志，有夸父逐日的一往无前，有精卫填海的义无反顾，有大禹治水的无私奉献。这些故事中，还有道家的"自强不息，厚德载物"，有儒家的"仁以天下"，有秦皇的一统山河，有汉武的和戎良策，有唐太宗的以民为本，有宋太祖的科技日新，有共产党人的公仆初心，有我们中国人的协和万邦。这些生命至上，国家民族至上，人民至上，命运与共的好思想沉淀在中华好故事中，成为人类文明的优秀基因，普惠天下。

好形式是好故事的血肉，它有形有色，有温度，见风度，为人民喜闻乐见。

我们中华好故事的形式体现为多彩而内敛、简洁而含蓄。它们并不一味追求高大靓丽，有的朴实如民间传说，有的甚至只是口耳相传。汉族的梁祝故事以翩翩的舞蹈表现，藏族的格萨尔王以史诗呈现，汉藏和亲的文成公主与松赞干布的故事以共建布达拉宫的形式定格，云南彝族阿诗玛的故事以叙事长诗的方式流传。它们或是一幅幅岩画，如敦煌洞壁上的飞天；它们或是一道道印痕，如少林寺千佛殿前地面上那48个深浅不一的"脚坑"。它们或色若锦缎，如汴梁城里的《清明上河图》；它们或声若天籁，如京剧里的《程婴救孤》《将相和》《沙家浜》，豫剧里的《穆桂英挂帅》《朝阳沟》《山里的汉子》，越调里的《舌战群儒》《七擒孟获》《吵闹亲家》，黄梅戏里的《天仙配》，秦腔里的《铡美案》。它们更有将现代技术与传统艺术融合一起创作出来的电影、电视、AI产品、文创佳作，中华好故事一如既往地用大众喜闻乐见的形式为人民奉献着一场场视听的盛宴。

好内容、好思想、好形式是我们中国好故事的突出特征，也是人类好故事的必然特征。人类进入21世纪，愈来愈认识到命运与共、和平发展的必要性和重要性。剥削与掠夺、愚弄与杀戮、单极与专制尽管还有余孽，但已是苟延残喘、奄奄一息，绝不可能死灰复燃、卷土重来！

随着社会的发展，生产力的提高，文明的进步，我们中国好故事对人类未来正确走向的引导作用会愈来愈明显，正义、合理、多元的新秩序必将形成，在这百年未有之大变局中，我们中国好故事对修复和发展人类文明功不可没。

本文将材料中的"好故事"具体化为"中国好故事"，针对"中国好故事"这个关键词，从"现象与本质"方面落笔，分三个角度阐述中国好故事中的"好内容、好思想、好形式"。这三个方面的具体故事是"现象"，从这些现象中体现出来的"洁如玉，坚如钢，立如山"的内容特点，"捧着古道热肠，守着人间正道，肝肺皆冰雪"的思想特点，"有形有色，有温度，见风度，为人民喜闻乐见"的形式特点是本质。如果换一个角度，从"中国好故事"中的"好"来看，这些好故事的内容、思想、形式是现象，"中国好故事"中的"好"是本质。

思路拓展

我们还可以选几则新颖、典型的好故事详细写，阐述它们在曲折的情节、充实的内容、丰富的人物、典型的环境等方面的特点，然后阐发这些故事的典型意义。这里的"情节、内容、人物、环境"就是现象，"典型意义"就是本质。我们还可以围绕同一类故事在不同时代、不同地域的不同表现形式来写"现象"，用它们为大众服务的宗旨来写"本质"。总之，运用"现象与本质"的辩证思维去书写"好的故事"，更容易把好故事的现象写透、情感写真、本质写深。

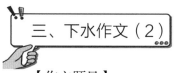

三、下水作文（2）

【作文题目】

阅读下面的材料，根据要求写作。（2023年新高考I卷）

好的故事，可以帮助我们更好地表达和沟通，可以触动心灵、启迪智慧；好的故事，可以改变一个人的命运，可以展现一个民族的形象……故事是有力量的。

以上材料引发了你怎样的联想和思考？请写一篇文章。

要求：选准角度，确定立意，明确文体，自拟标题；不要套作，不得抄袭；不得泄露个人信息；不少于800字。

【下水作文】

中华好故事都有"利他"的内核

世界上不同民族有不同的文化，也产生了不同的好故事，这些好故事或高扬民主自由，或宣讲科学创新，或崇拜名人英雄，或倡导真善美、鞭挞假恶丑。与世界其他民族的好故事相比，我认为，我们中华好故事有一个突出特点是"利他"，这种"利他"小而言之是"利亲"，大而言之是"利民"，重而言之是"利国"，远而言之是"利世"。

中华"利亲"的好故事不胜枚举，"尊亲尚祖"是我们中华民族上下五千年血脉相连的不朽基因。

中华文化中流传着这样的话：父精母血，爹骨娘肉。"利亲"思想确立了"身体发肤，受之父母，不敢毁伤"的宗旨，衍生了"同胞兄弟，同枝连气，血浓于水"的亲情。正是这样的优秀血统，使中华儿女从小就懂得感念父母养育恩、体恤兄弟姐妹情。东汉孩童黄香"冬温夏清，晨昏定省，天下唯一"，西晋老臣李密弃官回乡赡养祖母，举世闻名。古代有花木兰女扮男装、乔装打扮替父出征；现代有90后大学生于统帅，背起不能自理的母亲上大学并同时支撑起了家庭。朱自清感恩父亲，在他的散文《背影》中充分表达了对父亲舐犊深情的理解；朱德感恩母亲，在他的散文《回忆我的母亲》中，他说是母亲给了他强健的身体，教给了他革命的意志；胡适感恩母亲，这位学贯中西的现代学者一生都严格地遵从母亲的命令，对母亲为自己选配的妻子江冬秀海枯石烂不变心；毛泽东感恩母亲，在他撰写的《祭母文》中，那种爱母、念母、思母、报母之情令天地动容。这些都是中华孝亲故事中的典范。"孝顺"就是既孝又顺，其核心是"利亲"，羊羔尚且知道跪乳，乌鸦尚且知道反哺，何况是有着五千年文明滋养的中华儿女呢？

中华民族"利民"的好故事层出不穷，利民思想是我们中华民族虽历经朝代更迭却始终生生不息的根本原因。

历史变迁，沧海桑田，朝代更迭，走马灯转，但中华"利民"文化始终一脉相承，这与亘古不变的"民贵君轻"思想密切相关。孔子主张"仁以为己任，不亦重乎，死而后已，不亦远乎"；孟子主张"民贵君轻，社稷次之"；唐太宗把人民比喻为水，称"水可载舟亦可覆舟"；孙中山提出"民族、民权、民生"的三民主义；中国共产党坚守"人民是江山"的执政理念。可以说，自古至今，自上而下，"利民"思想在中华文明史中一线贯穿，一脉相承。在这种思想主导下，有了汉代廷尉张释之，有了唐朝名相房玄龄，有了宋代府尹包文正，有了清代廉吏于成龙，有了"国父"孙中山，有了中国共产党的缔造人毛泽东，有了鞠躬尽瘁的好总理周恩来，有了俯下身子给人民做牛马的一代代人。

中华民族"利国"的好故事如璀璨星河，又如长空曜日，利国思想是团结各族人民使伟大祖国永远雄踞于世界民族之林的根基磐石。

"天下兴亡，匹夫有责""苟利国家生死以，岂因祸福避趋之"。从茹毛饮血走出来的先人们深知组成强大团体才能更好生存的道理，所以，文明伊始，他们就有了建设家园、爱护家园、保卫家园的强烈情感。自三皇五帝至秦扫六合，自汉统天下至中国共产党建立新中国、发展新中国、强大新中国。饱经战乱和流离之苦的中国人，哪一个不盼望国泰民安、生活富足、家庭幸福？为了实现这个愿望，一代代中华儿女谱写了一首首可歌可泣的爱国诗篇，留下了一个个惊天地、泣鬼神的利国、爱国、兴国的好故事。大禹为民治水三过家门而不入，武王替天行道东出五关伐殷纣，郑国商人弦高毁家纾难义无反顾，赵国蔺相如"先国家之急"与廉颇老将冰释前嫌。郑国子民烛之武危难关头不计前嫌为国出使说退虎狼之秦，西汉名臣苏子建北海牧羊十九载固守大汉节操。晋代祖逖闻鸡起舞、击楫中流高扬恢复中原之志，宋代老将宗泽"渡河！渡河！渡河！"痛心三呼为报国赍志以没，大元帅岳鹏举直捣黄龙呐喊震天"还我河山！"文天祥"臣心一片磁针石，不指南方不肯休"铮铮誓言。近代谭嗣同"我自横刀向天笑，去留肝胆两昆仑"变法喋血，周树人嬉笑怒骂、文章成匕首似投枪血荐轩辕。现代钱学森学成回国求报效辗转万里，邓稼先试验场上不顾安危一马当先。如今，中国人民解放军多兵种联合演习枕戈待旦保卫国土，海警部队夜以继日巡查海防捍卫主权，华为集团以科技实力反制讹诈，比亚迪公司以新能源汽车领跑世间。爱国是我们中华儿女炽热的情怀，亘古不变！

中华"利世"的好故事源远流长，它保存着人类文明的火种，协和着世界万邦，过去、现在、将来都是人类汪洋文明的定海神针。

爱人、爱物、爱自然是文明人的高尚素养，"爱人者，人恒爱之"，"己所不欲，勿施于人"，爱人就要不分种族，不分肤色，不分地域，不分强弱，不分贫富，这才是人间大爱。在中国，这种思想很早就被推崇，它是墨子的兼爱，它是庄子的养生，它是孔孟的亲民，它是汉唐的和亲，它是大宋的礼仪。它是大汉王朝派张骞为西域送去的丝绸、漆器、铜器和美玉，它是大明王朝派郑和给西洋带去的政治、经济和文化影响。它是中华人民共和国提出的"和平共处五项基本原则"，它是新时代中国政府提出的"人类命运与共"的光辉思想。

中华好故事是中华民族的宝贵精神财富，也是世界文明的瑰宝，其实，我们中华好故事中的"利亲、利民、利国、利世"思想也正是不同民族、不同国家、不同政治制度、不同历史发展阶段的人类的共同梦想！

本文针对材料中"好故事可以展现一个民族的形象"立意，运用"现象与本质"的思维进行构思，以"中国好故事"为材料，阐述了中国好故事"利亲、利民、利国、利世"的特点。"利亲、利民、利国、利世"既是现象，又是本质，对于文章中心观点中的"利他"来说，是现象，对于这四类故事本身来说，又是各自的本质。

我们还可以针对材料中"好的故事可以帮我们更好地表达和沟通"立意，列举一些这方面的故事加以阐述，最终体现"能够更好地表达和沟通"的本质。比如，可以讲一讲河南豫剧《卷席筒》的故事，阐发其坚持正义、和睦家庭的主题。如果能够触类旁通、举一反三地写，内容会更充实，论证会更有力。

四、下水作文（3）

【作文题目】

阅读下面的材料，根据要求写作。（2024年高考新课标Ⅰ卷）

随着互联网的普及、人工智能的应用，越来越多的问题能很快得到答案。那么，我们的问题是否会越来越少？

以上材料引发了你怎样的联想和思考？请写一篇文章。

要求：选准角度，确定立意，明确文体，自拟标题；不要套作，不得抄袭；不得泄露个人信息；不少于800字。

【下水作文】

科技一定不能解决所有问题

俗话说得好：人到世上就是来解决问题的。只要人类存在，问题就不会绝迹，作为解决问题的手段或方法，我认为，不论互联网的体量如何庞大，不管人工智能的威力多么无穷，都无法解决世上所有的问题。

原始社会时期，火的发现解决了人类生活中的大问题，用火烤熟的食物味道香、色泽美、营养高，人们用火取暖，用火驱赶野兽，人身更加安全，从此再也不必茹毛饮血了。但吃饱穿暖的人们又产生了新问题。他们想囤积食物一劳永逸，他们想择地定居结束游弋。于是他们组成了相对独立的团体，有了私有的观念，渐渐出现了侵略其他团队的思想和行为，于是形成了氏族社会。为了获取更多的物资，为了拥有更大的地盘，他们的劳动工具不断地迭代升级，从木棒、石块到耒耜、锸畚。人们不仅掌握了日月轮回、四季更迭的规律，而且运用这些规律春耕夏种、秋收冬藏。他们还延展了工具的属性，开始攻伐掠夺、开疆拓土。为了在斗争中取胜，他们不停地改进技术，于是有了闪亮的铜、坚硬的铁，有了屠人的剑、射人的弓，有了攻城的梯，有了关押犯人的监狱。

封建时代的科技成就更是数不胜数，这些发现或发明为人类解决了许多难题，给人类带来了极大的便利。

就拿我国的四大发明来说吧，活字印刷术为知识的推广铺平了道路，造纸术为文明的发展插上了翅膀，火药为人类的安全加上了铜墙铁壁，指南针为海外交流雪中送炭。如果这些发明仅仅用于造福人类，人类生活会更加舒适、幸福，人类交流会更加广泛、深入，人类矛盾会减弱，问题会减少，人类文明会更发达，更进步。

然而，这只是"一厢情愿"，历史积淀着人类的文明但又很难根除兽性的贪欲。封建统治者扩张掠夺的本质和鱼肉人民的本性决定着他们会将科技用于两手的统治：文化的禁锢与武装的镇压。所以强大的科技力量不仅没有解除冲突，反而更大程度上成了愚民的鸦片、屠戮的凶器。一人之心，千万人之心也。科技在加剧着社会的丛林法则：落后就要挨打。

近现代社会，科技成了角斗场上的怪兽。蒸汽机、内燃机、电动机、核电力，动力越来越大；汽车、火车、轮船、飞机，速度越来越快。精米、肉糜、山珍海味、色素香精，吃得越来越刁钻；瓦屋、楼房、别墅、宫舍，住得越来越宽绰；纯棉、丝绸、貂裘、纳米材料，还有披金银、戴珠宝、捆鳄鱼皮带、拎鲨鱼皮包，穿戴越来越奢华。科技在破解着人类的一个个难题，也推高着人类一次次的私欲。第一次世界大战和第二次世界大战也可以说是科技催生的产物，它们又反过来刺激着科技的飞升，当原子弹、氢弹以毁灭世界的威力横空出世，人类的高傲和贪欲才有了短暂的刹车。但好景不长，"核威吓""核讹诈"轮番上演，在经济技术垄断、霸权剥削横行下的人类仍然陷在物质文明与精神文明二律背反的怪圈中原地打转。

互联网和人工智能是工业文明的新时代，人们仿佛从认知的牢笼一下子飞上了天：地球成了一个村，网络成了共同的大脑，人类成了一个谁也离不开谁的群体。人们仿佛可以通过互联网找到所有问题的解决方案，人工智能给人类带来一波又一波的惊喜，那些不可治愈的肢体残疾者可以凭借科技产品行动自由，那些无法恢复的视听障碍者可以凭借科技产品耳聪目明，甚至那些心灵的孤独者也可以借科技得以抚慰，但那原本不安分的思维却因之更加疯长。繁荣是真的繁荣了，不同肤色、不同语言、不同文化的人们在天地网络中交换着信息，五大洲的人口剧增、寿命剧增、财富剧增、对生活的热情剧增，但显然，问题也在与日俱增。高超音速技术正装备着导弹，还远没有装配到民用飞机的打算；各种星链正构筑着戒备森严的壁垒，还远没有服务命运与共的设想；如火如荼的网售反差着门可罗雀的实体，兴风作浪的资本收割着最苦最累人的血汗……科技还在制造着用于战争的武器，科技还在拉大着贫富的差距。

科技是一把双刃剑，但它永远不会利弊相抵，带来的利是不朽的丰碑，砍下的伤不可能被治愈，想想南京大屠杀，想想偷袭珍珠港，想想莫斯科保卫战，想想日本广岛长崎遭的难，难道不是这样吗？

如果不以人类命运与共为出发点去发展科技，如果不以增加全人类的福祉去运用科技，那科技就是一把刀，它挑起的是事端，制造的是麻烦，剥夺的是财富，毁灭的是我们人类自己。

多行不义必自毙，玩火者自焚，耍刀者易自伤，在这个公平、正义、和平、发展的世界，那些欺凌、压榨、剥削、垄断的腐尸是绝不可能借科技还魂的！

本文开篇提出中心论点，接着按人类历史发展的几个阶段，即原始社会、奴隶社会、封建社会和现当代社会，广泛展示不同阶段科技解决人类问题的现象，同时也展示了新问题产生的现象，最后统一论题，发出号召，让科技在人类命运与共与造福人类思想的主导下真正为人类解决实际问题，而不是借助发达的科技挑拨事端、制造麻烦，并对那些借科技玩火者发出必然自毁的正告。全文运用的是"现象与本质"的思维方式，人类不同历史时期的科技是现象，让科技利人还是利己是本质。

同学们还可以按这种构思，扣住"科技一定不能解决所有问题"这个观点，从空间的不同领域展示现象，比如国防、航空航天航海、制造业、商业、教育、医疗、公共管理等领域。还可以针对某个历史阶段的某个领域，比如世界封建社会的手工业科技，中国封建社会的手工业科技，中国封建社会河南地区的手工业科技来写。依照这样的辩证思路，材料选择方面，可以选择自己最熟悉的材料，甚至可以拿我们经常使用的文具科技作为材料来写文章。

当然，大家还可以确立其他中心论点，仍然用"现象与本质"的思维写文章。

第二章　内因与外因

一、哲学阐释

内因是事物的内部矛盾，是事物变化的根据，是主因，也是第一位的原因，决定着事物变化发展的性质和方向。

外因是变化的条件，是辅因，是第二位的原因，它通过内因起作用。

我们在观察事物、分析问题时，既要看到内因，又要看到外因，坚持内外因相结合的观点。

二、下水作文（1）

【作文题目】

阅读下面的材料，根据要求写作。（2023年新高考Ⅰ卷）

好的故事，可以帮助我们更好地表达和沟通，可以触动心灵、启迪智慧；好的故事，可以改变一个人的命运，可以展现一个民族的形象……故事是有力量的。

以上材料引发了你怎样的联想和思考？请写一篇文章。

要求：选准角度，确定立意，明确文体，自拟标题；不要套作，不得抄袭；不得泄露个人信息；不少于800字。

【下水作文】

形成好故事的三个基础

好的故事不是不速之客，也不是无中生有，它是我们人类社会形成和发展过程中人性智慧与优秀行为融合而来的精华，有着深厚的生理、心理和人文基础。

"人皆有好生之德"的道家思想是好故事产生的生理基础。

求生是人的本能，道家主张顺应天性、崇尚自由。春秋时的庄子认为相濡以沫不如相忘于江湖；晋代的陶渊明义无反顾地远离污秽官场，归隐田园，去营造自己的桃花源；三国时的诸葛孔明甘愿躬耕陇亩，淡泊明志，宁静致远。唐代诗人李太白发出"人生在世不称意，明朝散发弄扁舟"的慨叹；宋代文学家苏子瞻笑对"乌台冤案"，愿携清风、抱明月而长终。渴望自由是这些好故事的生理基因，既保全了自己，也维护了他人。这种生理基因，向内是自由，向外是"好生之德"。也就是要让其他生命也自由地生存，要让其他人也自在地生活。用道家鼻祖老子的话来讲就是："老吾老以及人之老、幼吾幼以及人之幼。"这种思想用之于君臣，则有了介子推割股奉君的忠诚；用之于夫妇，则有了霸王别姬的不舍；用之于民族，则有了文成公主入藏、昭君出塞的民族大义；用之于国际，则有了联合国维和部队数十次出兵的维护正义；用之于人类命运共同体，则有了中国政府几十年如一日对第三世界国家的援建和国际上数不清的人道主义援助。

"己所不欲，勿施于人"的儒家精神是产生好故事的心理基础。

世界是由不同种族、不同民族、不同地域、不同文化的人组成的，"求同存异"才是正常的社会。单拿色彩审美来说，中国尚红、日本尚白、泰国尚黄、巴基斯坦尚绿，其他方面的不同更是数不胜数。而人类好故事却像神曲一样能引起不同国家、不同种族、不同民族人们的共鸣。比如中国家喻户晓的梁祝爱情故事同样能赢得维也纳金色大厅里的掌声，法国作家雨果的《悲惨世界》能被翻译成不同国家的文字感动着全世界读者，俄罗斯舞蹈《天鹅湖》感动了五大洲的人们。因为这些好故事唤起了人类共同的美感，表达了人类共同的心声。这些故事中蕴含的思想兼顾了不同种族、不同民族、不同国籍人们的共同审美价值，比如对爱情的忠贞，对正直的坚守，对美好事物的呵护。

人同此心，事同此理。在"和平与发展"成为世界主题的今天，有了共同利益，我们才能站在一起，行人间正道。汉代朝廷的和戎之策、抚夷之举，与穷兵黩武天壤之别。汉通西域，唐助日本，明帮西洋，中国政府倡导国际友好，大力帮助第三世界国家的和平与发展事业，这些都是为我们人类共同利益考虑的好故事。这些好故事，丰富了中华精神文明史，给全人类带来了福祉。

"一方有难，八方支援"的中华优秀传统是好故事产生的人文基础。

人类是两个文明的创造者，但永远不是这个世界的霸权者，从大自然尺度去审视人类，人类就如沧海一粟，我们只有团结起来，互帮互助才能应对自然，才能更好地繁衍生息，才能使子子孙孙无穷匮地健康发展。

五个指头伸出有长短，树木也分高低，世上没有十全十美的人；天有不测风云，人有旦夕祸福，谁也不可能是一帆风顺的人生。当不幸降临，当坎坷突现，大扶小、强助弱才能形成铜墙铁壁。"一战""二战"均以正义者的胜利而结束便是明证。

倘若人们不团结、不互助,那么法西斯的淫威将使许多生命陨灭,将使许多国家和种族灭亡,将使人类暗无天日。

1998 年,长江、嫩江、松花江三江洪水泛滥,是中华儿女心连心、手挽手、肩并肩的互助和战斗才终于化险为夷。2003 年,"非典"肆虐,是十几亿中国人民严防死守、众志成城才将病毒锁死笼中。2008 年,汶川发生特大地震,2020 年,武汉被感染上"新冠"疫情,正是全国人民"一方有难,八方支援"的迅速行动才让汶川人民走出困境,才让武汉人民渡过难关。灾难来临时,"橄榄绿""志愿红""守护蓝""天使白",他们逆流而上,绘就了我们中华民族扶危济困的动人画卷,留下了一个个感人肺腑的好故事。

人是创造好故事的主角。只有保有善良天性的人,才能反思自我、推己及人,为大众谋利益,只有团结一心、扶危济困的人,才能创造出人间好故事,才能让我们人类享有现世的幸福,才能铺就我们后世子孙千秋万代的光明大道。

本文针对材料中"好故事可以触动心灵"立意,从生理、心理、人文三个角度阐释了好故事产生的基础。生理基础以道家"顺应天性、崇尚自由"的思想为立足点,列举了相关故事加以阐述,中间由"个人自由"过渡到"给万物和他人自由",丰富了内涵。心理基础是以儒家"己所不欲,勿施于人"的思想为立足点,引用了国际上求同存异、共促和平与发展的好故事加以佐证。人文基础是以"一方有难,八方支援"的中华优秀传统为立足点,罗列了一些国与国之间、人与人之间互帮互助的好故事加以论证。这三个方面,生理既是外因又是内因,心理属于内因,人文属于外因,全文体现了内因与外因相结合的论辩思路。

任何事物的形成都是内因、外因共同作用的结果,写作时我们还可以将角度缩小,阐述某一个或某一类好故事形成的内因和外因,比如通过表现故事惊心动魄的形成过程,或表现其曲折跌宕的发展历程,发掘其中的内因和外因,从中体现出"触动心灵"的作用,像兰考治理"三害"的内因外因,红旗渠修建成功的内因外因,感动中国年度人物取得成功的内因外因,甚至是你身边一位同学成长为"五好青年"的内因外因等。

三、下水作文（2）

【作文题目】

阅读下面的材料，根据要求写作。（2023年新高考Ⅰ卷）

好的故事，可以帮助我们更好地表达和沟通，可以触动心灵、启迪智慧；好的故事，可以改变一个人的命运，可以展现一个民族的形象……故事是有力量的。

以上材料引发了你怎样的联想和思考？请写一篇文章。

要求：选准角度，确定立意，明确文体，自拟标题；不要套作，不得抄袭；不得泄露个人信息；不少于800字。

【下水作文】

试问故事为啥好　国风校风家风高

正是因为有了沃土、阳光和雨露，才有了万木葱茏、百花齐放的世界。正是因为有了一代代文明的记载、传承和发扬，才孕育出了充满智慧的人类，才沉淀出了丰富的情感，才产生了感人肺腑的好故事。这沃土，这阳光，这雨露是高尚的国风，是优良的校风，是淳朴的家风，好故事就是沃土上长出的苗，就是阳光下绽放的花，就是雨露滋润下结出的果。这在我们东方大国——中国，尤为突出。

中华民族优秀文化的核心是爱国，它形成了强大的磁场，世世代代的炎黄子孙身处其间，赓续爱国传统，形成了中国国风。

"虽九死其犹未悔"的屈原，"先国家之急而后私仇"的蔺相如，"宁为玉碎不为瓦全"的荆轲，"饥餐胡虏肉，渴饮匈奴血"的岳飞，为人民伸张正义的包文正，为社稷秉公执法的海瑞，为革命忠孝难两全的朱德，还有"我以我血荐轩辕"的周树人，祖国利益高于一切的钱学森，一定要把饭碗牢牢地端在自己手里的袁隆平。这一个个彪炳千秋的好故事的创造者都是中华民族爱国国风的继承者和发扬者，他们承继着远古而来的国风，身体力行着爱国传统，成为薪火相传的火炬手，让爱国之光烛照千秋万代的炎黄子孙，续写出爱国的崭新篇章。

学校的正能量教育是好故事源源不断的引擎，在社会主义核心价值观教育下，生铁淬炼成精钢，狂沙淘洗出真金，为党培育出新人，为国锻造出良才。

学校是价值观教育的主阵地，富强、民主、文明、和谐，自由、平等、公正、法治，爱国、敬业、诚信、友善，每个词里都凝聚着千百年求得的真知，每一个词里都有数不尽的中华好故事。学校里的每个人既是社会主义核心价值观的践行者，又是引领者，学校里的"最美学生"评选活动，"美德少年"评选活动，拾金不昧表彰活动，"青年志愿者"行动，"学雷锋纪念日"活动，"青年节""建党节""建军节""国庆节"

等纪念活动开展得如火如荼。学校开展的这些正能量教育活动，使生活、学习于其中的青少年能持续不断地受到社会主义道德教育，持续不断地为青少年的健康成长赋能，这些活动掀起了求知进取、学成报国、科技强国的热潮，涌现出了一个个全力向学、拼搏进取、为国奉献的学习好故事。

淳朴家风是好故事温度不减的加油站。以敬老、孝亲、和睦、团结为核心的家庭美德教育保持了人的善心，培养了人的爱心，加强了人的关心，是人们持续做好事的加油站。

做父母的不计报酬哺育儿女，不辞劳苦赡养老人，引领着好故事；做子女的，勤奋学习，孝敬家长，续写着好故事；兄弟姐妹之间互帮互助，互谅互让，团结一心，践行着好故事。另外，家庭中还有精打细算的节俭家风，责己宽人的处世家风，扶危济困的仗义家风，琴瑟和谐的恩爱家风，同宗同祖不记仇的血统观念，这些都是我们创造好故事的加油站，源源不断地为我们输送着真、善、美的玉液琼浆。

白沙在涅，与之俱黑；蓬生麻中，不扶自直。高尚的国风、优秀的校风、淳朴的家风是一个国家、一个民族培根铸魂的基本途径，是培育优秀国民的沃土，是一个民族生生不息、兴旺发达的不竭动力。

本文以"好故事可以展现形象"立意，从"高尚国风，优良校风，淳朴家风"三个方面阐述好故事产生的原因，这三个方面侧重于外因。为了使文章内容更具体，本文选材时将写作角度进一步缩小为"爱国的国风""正能量教育的校风"和"敬老孝亲、和睦团结的家风"，展现了国家、学校、家庭的良好形象。

围绕好故事的成因，我们还可以选取其他的外因，如质朴的村风，互助的班风，严守纪律的团队风，能打胜仗的战风，开拓创新的企业风，等等。当然也可以从内因上选材，如勤学好问的态度，自强不息的意志，坚强不屈的性格，博采众长的胸怀，高瞻远瞩的视野等，选好了立足点，再辅以论据进行论证就可以了。

四、下水作文（3）

【作文题目】

阅读下面的材料，根据要求写作。（2024年高考新课标 I 卷）

随着互联网的普及、人工智能的应用，越来越多的问题能很快得到答案。那么，我们的问题是否会越来越少？

以上材料引发了你怎样的联想和思考？请写一篇文章。

要求：选准角度，确定立意，明确文体，自拟标题；不要套作，不得抄袭；不得泄露个人信息；不少于800字。

【下水作文】

为人类谋利是科技消弭难题的关键

诺贝尔发明炸药的初衷是减轻采石工人超负荷劳动的痛苦，但后来炸药却被某些侵略者用来制造夺命的武器；爱因斯坦提倡研制原子弹的本意是遏制纳粹德国的侵略，促进人类和平，但后来原子弹却被野心家滥用，成为恐吓、讹诈的资本。科技本来是无罪的，互联网和人工智能在破解人类难题方面作出的贡献有目共睹，但如果研发者或使用者居心不良，那它不仅不会为人类消弭难题，反而会制造出更多的麻烦。

科技研发者要发自内心地让科研为人民服务而不要被名缰利锁束缚或被政治阴谋俘虏。

我国著名杂交水稻科学家袁隆平，潜心研究杂交水稻就是为了能尽快提高水稻的产量和质量，为我国乃至世界上忍饥挨饿的人们增加口粮。所以，袁老的研究成果迅速推广到全世界，世界人民用"杂交水稻之父"的崇高荣誉赞颂他，这是实至名归。

清华大学邱成桐教授曾强调：发展基础学科要有长远眼光，研究基础学科的初衷如果是开公司，那它很难得到发展。丘教授的话振聋发聩，试想，如果一个教育工作者的目的只是教书不为育人，那么他呕心沥血打造出的人才可能只是一个两脚的书柜或祸害人的凶器。如果一个医生热衷于为科室创收，那么他又怎么能不让患者过度检查、滥用药物呢？他又如何能够潜下心来研究病例，多方求索寻找最佳的治疗方案呢？如果互联网、人工智能不从人民利益出发，那么，它就难以逃脱被政治裹挟、被资本操纵、被妖风蛊惑的厄运，沦落为政治的奴仆、资本的帮凶，闹出燕口夺泥、鹭腿剔肉、蚊子腹内割脂油的丑剧。

科研管理者要营造科技为人民服务的科研氛围，树立正确的科学功利观，把求真与求善、求美结合起来，把最终为人类谋福利当作评判科技价值的首要标准和终极目标。经过第一次世界大战和第二次世界大战灾难的人类应该能深刻领悟科技的利弊。纳粹坦克的碾压、飞机大炮的洗劫，曾造下了令人发指、罄竹难书的罪恶。二战后成立的联合国、在《联合国宪章》约束下组建的各种国际组织、制订的各项国际准则，对保障世界的和平和发展作出了突出贡献，我们每个国家、民族、地区都要在遵守《联合国宪章》的前提下发展自己的科技，为全人类发展营造公平、正义、合理、有序的环境。

如果不吸取一战二战的教训，让军国主义复辟，让霸权政治还魂，让野心家出笼，那么科技就像被打开的潘多拉盒子，不仅祸国殃民，甚至还会给全人类带来灭顶之灾。那遍布世界的病毒研究所到底是阻止病毒还是制造病毒？那遍布全球的军事基地到底是维护和平还是蓄谋战争？那发射井里蠢蠢欲动的核弹是大国秀的肌肉还是伸向人类的黑手？

我们中国有句古话叫作"靠山吃山，靠水吃水"，意思是居住在山区的人就可以凭借山区资源优势生存，或采矿，或种果，或开发旅游业；居住在水边的就可以凭借水资源优势生活，或种莲，或养鱼，或撑船搞水运。大家都凭自己的劳动，充分利用好自身的资源，过上和平、安定、幸福的生活。闲暇的时候，你来我这里品品山果，我到你那里尝尝海鲜，何乐而不为？但有些人放着安稳的幸福不去享受，偏偏去兴风作浪，搅得全球鸡犬不宁。

如果你放着你的大陆懒得去开垦，却觊觎着人家的油田，惦记着人家的橡胶园，凭着你会舞枪弄棒，凭着你会玩弄资本，凭着你会搬弄是非，凭着你能呼狼唤狈，你就把讹诈当饭吃，将屠戮当游戏，用未来下赌注，这岂止是为非作歹，这简直是灭绝人性、丧尽天良！

和平与发展已是世界的主题，公平与正义永远是人类的主旋律，人类主导下的科技只能解决人类问题，为人类谋福利，也只有这样，人类才能行稳致远。

一本《黄帝内经》至今仍是解释人与人、人与社会、人与自然的医学圣典，因为它为维护人类健康而写；一部《天工开物》至今仍是人们津津乐道的科技巨著，因为它是为人类提供方便而作。

当今互联网发展如火如荼，人工智能方兴未艾，以互联网、人工智能为代表的高科技必然会层出不穷，但是，不论科技研究者还是科技管理者，我们都要恪守底线，遵守规范，让科技为和平赋能，让科技为发展助力，让科技为共建人类命运共同体而服务，让科技为人类能幸福当下、蓬勃发展、万世不竭而不遗余力。

　　本篇从诺贝尔发明炸药和爱因斯坦提议研制原子弹两件事谈内因和外因关系，这两个科技发明的内因是好的，但遇到了外因却偏离了方向，成了祸害，由此引出全文观点：科技无罪，研发者和使用者如果能从人民利益出发，就能解决问题，否则会制造麻烦。接下来，本文第一部分从科技研发者角度谈起，侧重内因，研发者要发自内心地让科研为人民服务。本文第二部分从科研管理者角度着手，阐述要营造出为人民服务的科研氛围，树立正确的科研功利观，引导科技工作者把求真与求善、求美结合起来，把最终为人类谋福利当作评判科技价值的首要标准和终极目标。主体部分的这两层依次从主观和客观角度分析。本文的第三部分运用类比论证和举例论证，联系当前世界局势，呼吁各自利用好自己的客观优势，发展自己的科技，通过辛勤劳动，获得自己的幸福生活，而不能无视客观，主观地带着欺凌恶习，让科技成为主观恶意的帮凶。结尾部分回扣材料、照应开头，总结论点，指明方向，发出号召。

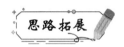

　　遵循主观与客观的构思，我们还可以将写作视角锁定在某一时空来写影响科技效能的主客观因素，甚至具体到某一项科技行为，分析它的主客观因素。比如我国"两弹一星"科技中的主客观因素，开采大庆油田技术中的主客观因素，建设港珠澳大桥、建造高速铁路中科技的主客观因素等。根据辩证法思想，任何一种物质的存在都包含着主客观因素，写作时，我们要选自己熟悉的材料来写。不过，落脚点必须是本次作文的主旨：正确运用科技可以解决问题。

第三章　量变与质变

一、哲学阐释

　　量变是事物数量的增减、场所的变更以及事物内部各个组成部分在空间排列组合上的变化，是一种渐进的、不显著的变化，是在原有度的范围内的变化，它不改变事物的根本性质，因而也称为渐变、改良或改革。

　　质变是事物根本性质的变化，是一种事物变为另外一种事物，是事物的显著变动，是事物连续性的中断，因而又称作飞跃、突变或革命。

　　量变是质变的前提和必要准备，质变是量变的必然结果，量变和质变的根本标志，在于事物的变化是否超出了度的界限。事物在质变后又会在新的基础上开始新的量变，超过限度的事物也可能向相反方向发展，就是"物极必反"。

　　质变依赖于量变，没有量变就没有质变。量的变化积累起来，达到一定的程度，就不可避免地引起质变。荀子的"不积跬步，无以至千里；不积细流，无以成江海"，老子的"合抱之木，生于毫末；九层之台，起于垒土；千里之行，始于足下"，说的就是这个道理。

　　量变也依赖于质变，质变是量变的必然结果，任何事物的量变都不会永久持续下去，量变积累到一定的程度，必然会改变事物本身的表现形式，引起事物的质变。这就是量变到质变的转化。比如，液态水的温度不断升高或者不断降低，当达到其临界点即沸点或冰点的时候，必然会变成气体形态的水蒸汽或者固体形态的冰。

　　量变和质变相互渗透，量变过程中有部分质变，质变过程中又有量的扩张。

　　例如，五四运动使旧民主主义革命转变为新民主主义革命，就是民主革命总过程中的阶段性质变。再比如解放战争时期的三大战役，就是质变过程中量扩张的表现。

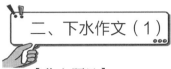

【作文题目】

阅读下面的材料，根据要求写作。（2023年新高考Ⅰ卷）

好的故事，可以帮我们更好地表达和沟通，可以触动心灵、启迪智慧；好的故事，可以改变一个人的命运，可以展现一个民族的形象……故事是有力量的。

以上材料引发了你怎样的联想和思考？请写一篇文章。

要求：选准角度，确定立意，明确文体，自拟标题；不要套作，不得抄袭；不得泄露个人信息；不少于800字。

【下水作文】

用爱国故事培养爱国深情

人非草木，孰能无情？饥寒则号啼，温饱则笑语，痛苦则皱眉，欢乐则开颜，瞬时的情感很大程度上来自天性，喜怒哀乐的情感、求生厌死的欲望，是人之常情，而爱国情感则是人类跟其他生物情感的重大区别，也是凡夫俗子与志士贤达的明显界标。我认为，我们厚植爱国情感，要起于涓滴，汇于溪流，一生培植，终会成滔滔之势，汇聚成不朽的爱国精神。

用一则爱国好故事，启发我们的爱国之智。

童蒙时期，老人们总会给我们讲一些爱国故事，比如苏武牧羊，岳母刺字。苏武宁肯在北海冰天雪地里十九年食毡啮雪，卧冰窖，掘野鼠，食草籽，也绝不改变民族气节。岳飞自小在爱国环境中成长，岳母将"精忠报国"四个大字刺在他的脊背上，让他牢记抗击金兵、收复失地的志向。童蒙时期，我们的心灵就像一张白纸，着上什么样的色彩，决定着我们将来能成长为什么样的人。富有远见的家长，总会及时地将爱国英雄的故事讲给儿孙，用爱国好故事启蒙下一代。家是最小的国，国是最大的家，家国情怀是我们最初也是最珍贵的品质。

用一则则爱国故事，培养起我们的爱国之情。

从生理学上讲，一个人健康成长的过程，就是用正确的信号不断刺激形成优秀条件反射的过程。前人智慧形成爱国情感，或形之于书本，或诉诸口耳，叠加到下一代人头脑中，使后人能站在前人的肩膀上继续发展，加持着人类爱国情感的浓度、热度和深度。倘若我们每天接受的都是无目的、无价值的自然信号，那么我们可能就只剩下生物属性了。正是十数载以至数十载持续地教育培养，我们在接受一个、数个、数十百千个爱国故事中厚植起了爱国情感。

战国时期的郑国子民烛之武，虽然平生不得重用，但秦晋围郑，国难当头时，他毅然决然以国家利益为重，出使强秦，以三寸舌说退虎狼之秦，书写了"位卑未敢忘忧国"的佳话。晋代乡野少年祖逖，不因为自己名不见经传而失去报国之志，为恢复中原，他约上同伴刘琨每天闻鸡起舞，苦练杀敌本领，终成击楫中流之志。宋代陆游，戎马一生，爱国不止，他上马能击狂虏，下马能写佳章，即使年老多病，僵卧孤村，不坠铁马冰河扫胡虏之志。青年秋瑾，一介弱女子，不逊男儿，不惜抛头颅、洒热血，誓为中华争独立。共产党人李大钊，坚持共产主义，绞刑架下面不改色；共产党人瞿秋白，坚定党的意志不低头，高唱《国际歌》慷慨就义；共产党人杨靖宇，在弹尽粮绝的情况下，七昼夜不米不炊，于白山黑水间与大量敌寇周旋，成为中华孤胆英雄。抗日将领张学良、杨虎城，放弃显赫功名，置生死于不顾，兵谏蒋介石，用行动救中国，成为不朽丰碑。爱国科学家钱学森，携妻将雏，即使被囚禁，也要转蓬万里回到祖国，以科学报效神州；科学家于敏，隐姓埋名三十载，即便三次与死神擦肩而过，也不改为国铸盾的初心和意志。一则则中华爱国好故事，一位位顶天立地的中国人，这些爱国故事，读之令人心潮澎湃，读后使人热泪盈眶。正是受这一则则爱国故事的熏陶感染，一代代中国人前赴后继，筑起了不朽的爱国丰碑。

一生读爱国故事，不辍强国之志。

我们不是旁观者，而是新主人，外敌入侵的历史，霸权主义的蛮横，容不得我们沉醉。煌煌中华爱国史，催生我们的强国梦，坚定我们的强国志，化为我们的强国行，书写我们新时代的强国史。

承"驱除鞑虏，恢复中华"的独立梦，五四新青年为国读书，为国科研，为国创新，为国献身，以独具一格的爱国精神睥睨世界风云，做自主的中国人，做自由的中国人，做自强的中国人。

承"为中华之崛起而读书"的强国梦，我们新时代青年应当放眼世界，逆风飞扬，敢于亮剑，敢于胜利，以必胜的姿态屹立于世界民族之林。

正是一代代爱国故事，厚植了中华民族的爱国情感，激发出了无与伦比的爱国意志，也正是这一以贯之的爱国精神让我们走出了奴役与压迫，走向了独立与富强，实现了从站起来到富起来再到强起来的伟大飞跃！

思路解析

本文以"好的故事可以培养爱国情感"立意，按照"量变与质变"安排思路，组织材料。这个立意在原材料中没有明确的文字表述，是根据材料中省略号的提示自定的角度。量变体现在"一则爱国好故事的影响"，还体现在"一则则爱用好故事的影响"和"一生读爱国好故事所受到的影响"。质变表现为三个层次，依次是"启发爱国之智""培养爱国之情""不辍强国之志"，从大的方面讲，"爱国之智""爱国之情"　"强国之志"也是量变，质变就是培养出了"爱国"思想。

　　我们还可以选其他的材料，表现爱国情感的培养是一个由量变到质变的渐进过程，比如不同爱国故事对不同成长阶段人们爱国言行的渐次影响，我们还可以把视角继续缩小，抓住某个人或某个阶段爱国情感量变和质变的特点，以此成文。

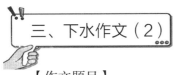

三、下水作文（2）

【作文题目】

阅读下面的材料，根据要求写作。（2023年新高考Ⅰ卷）

好的故事，可以帮助我们更好地表达和沟通，可以触动心灵、启迪智慧；好的故事，可以改变一个人的命运，可以展现一个民族的形象……故事是有力量的。

以上材料引发了你怎样的联想和思考？请写一篇文章。

要求：选准角度，确定立意，明确文体，自拟标题；不要套作，不得抄袭；不得泄露个人信息；不少于800字。

【下水作文】

好故事里显精神

一滴水里看太阳，一朵花里有菩提，行动是精神的外化，好故事彰显着个人的品质、团队的精神、国家的形象。

一个人的好故事体现着他的品质。

焦裕禄面对兰考县亘古不变的盐碱、内涝、风沙三大自然灾害，偏不信邪，亲自深入一线调研，带领科技工作者调查河流山脉的走向、风沙的流向、地势的高低，总结出防风、固沙、排涝的科学经验，充分体现出他主动担责、心系人民、坚韧顽强的品质。

娃哈哈集团创办人宗庆后，从校办工厂做起，将娃哈哈品牌做成了行业龙头，靠的是要把纯净水做到实验室用水标准的世界性高度；靠的是他不上市、不融资、不欠账、不开除员工的中华传统管理模式；靠的是他诚实、守信、厚道的经营之道；靠的是他想他人所未想的细心：瓶身呈凹形以防滑，瓶签上可签名以免浪费，瓶身标注596毫升的含量以示真诚。还有宗庆后始终不渝的中国心，他让娃哈哈品牌产品的瓶盖上都留着"中华"的字样，瓶签上都印着中华的风景，标签上写有中国的诗句、印有中国心的图案。这些做法彰显了宗庆后作为中国优秀企业家的爱国精神和人性光辉。

一群人的好故事彰显了团队的精神。

北京大学是五四运动的策源地，是中国科学、民主、自由精神的发祥地，这种宝贵的集体精神让我们迎来了马克思主义，孕育出一大批争主权、讲民主、倡科学、求自由的开拓者，为我国新民主主义革命的胜利奠定了思想基础和人才支持，也为新中国建设和改革开放擎起了真理的大旗。无论是过去、现在还是将来它都是我国弥足珍贵的精神财富。一位北大人曾说过这样一句话：走进北大就有一种神圣的责任感和使命感。是的，正是北大的这群人，这个中国近代知识分子的精壮队伍，塑造了我国的大学精神，在这种精神熏陶下，培养出了一代代大写的中国人。

此外，清华大学"自强不息，厚德载物"的精神，西南联合大学"教育救国、读书报国"的精神，两弹一星团队的爱国奉献精神，西工大人的为国铸剑精神，华为团队的爱国创新精神……一个个优秀的团队的一件件好故事，既是这个团队的独特风格，也是这个团队的宝贵财富。

一个国家的好故事展示着这个国家的光辉形象。

我国是"世界四大文明古国"中唯一一个文明没有中断的国家，敬天爱人的思想几乎体现在历朝历代的行政理念中。新中国更是鲜明地提出不争雄、不称霸、不结盟的方针，坚决维护国家主权和安全，坚决维护世界和平，坚持独立自主的和平外交政策，坚持把"和平共处五项基本原则"作为建立各国间正常关系和开展国际交流合作的基本原则。我们不仅不攀英、不附美、不怕人作梗、不被人挟制，反而还同情弱者，努力与亚非拉国家建立纯正的友谊，竭力帮助他们搞好经济建设和文化建设，赢得了世界上绝大多数国家的肯定和赞誉，这些都形成了我们中国独具特色的光辉形象。

世界人民都愿意和中国人民交朋友，我们的革命前辈早就提出了：世界人民大团结万岁！正是因为我们的对外交往符合人道主义精神、符合民心、符合人类的发展规律，所以赢得了全世界人民的赞誉。从抗美援朝到抗美援越，从"一带一路"建设到当前倡导的"人类命运共同体"理念，无不体现了中华人民共和国的独特风采。

行动是精神的外化，好故事是伟大人格的张扬，无论我们个人，还是团队，还是国家、民族，一定要珍视一代代人积淀下来的优秀精神财富，利用个人的魅力、团队的魄力、国家民族的合力，完善自己的修为，把自己打造成团队中的佼佼者，把自己的团队打造成行业的翘楚，把自己的国家建设成世界一流强国。

本文针对材料中"好的故事可以展现形象"这个角度立意，按"量变与质变"的思路展开阐述。由"一个人"写到"一群人"再写到"一个国家"，写了三个"量变"，这三个量变之间也呈现了"量变"。"体现个人品质""彰显团队精神""显示国家形象"属于各个量变中的"质变"，这三个质变之间也形成了新的"质变"。

我们还可以选取其他角度，仍然按"量变与质变"的思路写文章。比如可以针

对材料中的"好故事可以改变一个人的命运"这个角度立意，表现"好故事"是如何从"量"的影响，逐步叠加，最终实现了一个人命运的质变，生活中这样的现象屡见不鲜。材料中"好故事可以帮我们更好地表达和沟通""好故事可以触动心灵"等角度也都可以用"量变与质变"的思路写文章，为什么这样说呢？因为任何事物的变化都是一个由量变到质变的过程，人的活动也概莫能外。

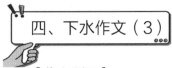

四、下水作文（3）

【作文题目】

阅读下面的材料，根据要求写作。（2024年高考新课标Ⅰ卷）

随着互联网的普及、人工智能的应用，越来越多的问题能很快得到答案。那么，我们的问题是否会越来越少？

以上材料引发了你怎样的联想和思考？请写一篇文章。

要求：选准角度，确定立意，明确文体，自拟标题；不要套作，不得抄袭；不得泄露个人信息；不少于800字。

【下水作文】

科研会有新高度但不会有终点站

科技的每一项成就都是人类在解决生产生活问题中经验与智慧的结晶，互联网和人工智能技术无疑是现代科技的两座高峰，但不是绝顶。

蒙昧时代，人们看山是山，看水是水，看云是云，看人是人。随着人类对物质世界研究的深入，人们把物质分为含碳的有机物和由碳元素以外元素组成的无机物。当科技发展到分子原子层面，人们认识到，同一元素原子的不同堆积模式能产生不同的物质形态，不同的物质形态又呈现出不同的质地、色泽甚至价值，正如利用碳元素既可以制作出司空见惯的碳棒，也可以生产出价值连城的钻石，这是科学家经过大量研究掌握了碳元素本质和规律后做出的发明创造。当然，这个过程是很艰辛的。

公元前500年左右，古希腊数学家就提出了"日心说"，但这只是他们的主观感觉，无法找到确切证据，甚至到了16世纪，波兰天文学家哥白尼出版的《天体运行论》也只是让"日心说"进入了大众的视野，仍然没有给出令人信服的证据。尽管1600年意大利天文学家布鲁诺因极力宣传哥白尼的"日心说"被宗教裁判所活活烧死在罗马鲜花广场，在大众心里，地球是宇宙中心的观念依然根深蒂固、牢不可破。直到1609年，意大利天文学家、物理学家和工程师伽利略用天文望远镜发现了可以支持"日心说"的新的天文现象后，"日心说"才开始引起人们的关注，但它的正确性仍需要足够的论据来支撑，可惜当时没有。又过了十年，德国天文学家、数学家开普勒发现了行星运动的三大定律（椭圆定律、面积定律和调和定律），他用椭圆轨道取代圆形轨道修正了"日心说"之后，"日心说"在与"地心说"的斗争中才取得了决定性的胜利。一个天体运行的真相经过一代代科学家的不懈探索，两千多年后才水落石出，两种学说的争论才终于尘埃落定，令人唏嘘感慨。不过，这些成就终于可以让后来者站在一个新的、比较正确的台基上继续前进。

只有认清本质，才能掌握规律，只有掌握规律，才能遵循规律进行深入研究，才可能会有发现和创造。正是因为掌握了生物繁衍生长的本质和规律，人类才能运用基因技术让无性繁殖成为可能。正是因为抓住了嫁接技术的本质，华中农业大学教授叶志彪科研团队才能让树上结出茄子，培育出多宝茄树，这一成果可以让城镇小区栽上多宝茄树以解决小区的吃菜问题。正是掌握了水稻杂交和选育技术，袁隆平团队培育出了质量优、产量高的超级水稻和海水稻。

科技工作者在一次次发现本质、掌握规律的过程中将科技推向新的高度，但这并不是终点，因为新的问题又产生了，他们需要用进一步的科研去解决更新的问题。人类文明不会停止，科学研究也永远不会停步。

回到碳元素合成有机物上来看，正是科学家发现了碳元素的本质和组合规律，才研制出了铅笔替芯，才制成了石墨电极，才炼出了高能量的焦炭，才合成了熠熠生辉的钻石。天津工业生物技术研究所所长马延和甚至脑洞大开，展开了直接利用空气中的二氧化碳合成淀粉的研究。这个 2014 年就已经开启研究的奇思妙想，历经 4 年艰辛实验，直到 2018 年才实现了从 0 到 1 的突破，又经过了 4 年的漫长研究，直到 2022 年底才建成了工程化测试平台，启动了百升级、吨级中试装置，这意味着二氧化碳合成淀粉的研究走出了实验室，来到了生产线，也标志着科研团队正式开始了"从 1 到 10"的迈进。未来他们还要开展把人工合成淀粉的成本降下来，甚至降到比农业种植更低水平的研究，这是在掌握了碳原子本质属性后开展的深入研究，也是一次经典的探索，一旦成功，将解决人类粮食问题、碳排放超标问题、耕地减少问题，甚至气候变暖问题。可以推想，有朝一日，这些研究成功了，他们依然不会停步，人工合成淀粉的营养问题、色泽问题、风味问题、口感问题，等等，这些都将促使着他们在科研的道路上继续攀登。

随着时间的推进，科技必然会跃上一个新高度，但只会有更高，不会有最高，也就是说，科学无止境。

我们还可以拿我国的探月工程来做例证。嫦娥一号实现了绕月飞行，嫦娥二号为嫦娥三号的月面软着陆探索了技术途径。嫦娥三号实现了在月面软着陆并搭载玉兔号月球车进行了月面巡视勘察。嫦娥四号实现了人类首次在月球背面软着陆，进一步探索了月球的未知区域。嫦娥五号实现月球表面采样并返回地球，完成了中国探月工程"绕、落、回"三步走战略的最后一步。嫦娥六号实施了月球背面自动采样返回，同时开展了陆区科学探测和国际合作。十七年来，我国探月工程一步一个扎实的脚印，一步一个创新的高度。你尽可以相信，我们还会有嫦娥七号、八号、九号……

500 米口径球面射电望远镜在贵州落成，开启了我国探索宇宙起源和演化、搜寻外星文明的序幕；万米载人潜水器"奋斗者"号在马里亚纳海沟坐底研究，开启了人类探秘世界最深处的先河；神威·太湖之光计算机开创了计算机运算的最高速度；新一代"人造太阳"研制成功有望让人类实现能源自由……

正是有了一代代科研工作者兀兀穷年的研究，才有了量的积累，也正是科学研究量的积累，才有了质的飞跃，也正是把握住了这一次次质的飞跃，人类才利用科技破解了一个个难题，推动着人类文明一次次向前进，永不停息。

文章大致分为两部分。第一部分论述科研新成就都是"量"积累的结果，举了互联网、人工智能的发展，有机物与无机物的研究，"日心说"的艰难确立等事例，这一部分照应了题目中的"科研有新高度"。第二部分论述有了"质"的突破即掌握了事物的本质和规律后，科学研究便开启了新的探索，即新一轮"量"的积累过程，这既是用"质"的规律去解决新问题的过程，也是新"质"形成的过程，与题目中的"不会有终点站"照应。第二部分举了多宝茄树的栽培，杂交水稻、海水稻的培育，人工合成淀粉，探月工程的深入展开，射电望远镜的架设，"奋斗者"号的探索，神威·太湖之光的运算能力，人造太阳将产生的能效等事例。结尾部分回扣题目，亮明中心论点。

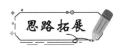

我们在写作时，针对"量变与质变"的辩证关系，还可以采用我们最熟悉的例子来展开论证，如果没有贮备重大的科技事实，我们还可以列举身边的科技现象，比如路灯由白炽灯到日光灯到霓虹灯到节能灯到太阳能电池板电灯的变化，再比如城市公交车由柴油车到汽油车到空调车到新能源车的变化。哪怕是我们成功完成一次科学实验过程中积累的一些经验，我们制作一件玩具过程中产生的一些体会，我们炒制一道菜肴时的一些感受，只要写出了其间"量"的积累和"质"的认知，都可以说是一篇有深度的文章。著名数学家华罗庚写的《统筹方法》不就是拿日常生活中泡茶的小事讲明了统筹方法可以省时提效的大道理吗？

第四章 对立与统一

一、哲学阐释

对立是指矛盾双方相互排斥、相互否定的属性，它使事物不断地变化以至最终破坏自身统一。对立是普遍的、绝对的、无条件的，对立面之间的相互斗争是促成新事物否定旧事物的决定力量。

统一是指矛盾双方相互依存、相互肯定的属性，它使事物保持自身统一。统一是有条件的、暂时的、易逝的、相对的。由于统一，双方能够互相吸取和利用有利于自己的因素而得到发展，从而为解决矛盾准备条件。

世界上的一切事物都是矛盾的，矛盾的双方既对立又统一，它们既相互依存又相互排斥。并在一定条件下相互转化。这就要求人们在分析和解决矛盾时，必须从对立中把握统一，从统一中把握对立，并促使事物向着有利于进步的方向发展。

对立统一规律是唯物辩证法的实质和核心，矛盾分析法是认识世界和改造世界的根本方法。

二、下水作文（1）

【作文题目】阅读下面的材料，根据要求写作。（2023年新高考Ⅰ卷）

好的故事，可以帮助我们更好地表达和沟通，可以触动心灵、启迪智慧；好的故事，可以改变一个人的命运，可以展现一个民族的形象……故事是有力量的。

以上材料引发了你怎样的联想和思考？请写一篇文章。

要求：选准角度，确定立意，明确文体，自拟标题；不要套作，不得抄袭；不得泄露个人信息；不少于800字。

【下水作文】

好故事的价值在"好"上

中华民族五千年文明，留下了无数好故事，愚公移山时的坚韧不拔，荆轲刺秦时的坚强不屈，窦娥申冤时的坚贞不渝，都给我们留下了不可磨灭的印象，都是好故事。

但有的人却说，愚公干吗要一根筋固执到底呢？把家从大山里搬出去不就行了吗？为什么非要子子孙孙无穷无尽地去破坏自然生态呢？真傻！有的人说，荆轲干扰了秦国统一大业，是鼠目寸光的行为，真蠢！还有人说，窦娥有冤不假，她自己如何去申冤、复仇都无可非议，为什么非要让楚州大旱三年，拉上无辜的百姓给自己垫背呢？真毒！

这些好的故事，为什么有的人却偏偏看到了它们的"孬"呢？原因在于这些人一叶障目、不见泰山，只是挑剔太阳的黑子，却不敢直视明媚的阳光，把好故事的真正价值弄丢了。

好故事的情节可能是虚构的，但内容情感却是真挚动人的，不能因文而伤情。

夸父逐日，精卫填海，后羿射日，愚公移山，这些让大家耳熟能详的故事情节没有一个是真实的，倘若现实世界中真有一个人整天追着太阳跑，那他一定会被当作疯子；倘若现实世界中真有一只鸟一刻不停地衔着石块、木头去填海，那简直让人无法想象。我们不能把故事中的人事物象与现实世界中的人事物象等同起来，如果非要追求与真实世界的对等，那愚公不仅当不了劳动模范，还会因为破坏生态环境而被刑拘。

为什么这些虚构的故事千百年来一直能被当作好故事呢？因为这些虚构出来的人事物象，寄托的是劳动人民与自然做斗争中培养出来的战天斗地的不屈精神，这种不屈精神能激发当下的人们去改变现状、追求幸福。这也是神话故事与封建迷信的本质区别。如果这些故事的主人公不是靠自己的不懈奋斗去改善人生，而是靠烧香拜佛、祈祷神灵或张嘴接住了天上飞来的馅饼或出门摔了一跤却捡到了一块狗头金，那么，这些故事是断断称不上好故事的。

好故事主人公的行为不一定完美，但精神一定崇高。

有些好故事的主人公不是虚构的，他们已经出现在我们的现实生活中，而他的行为可能与当时、当世或现时、现世并不协调，甚至是不正确的，但其行为中体现的精神却很崇高，这样的故事仍然是好故事。

花木兰替父从军的故事家喻户晓，木兰是女儿身，在封建时代是不允许应征入伍的，花木兰当时的行为往轻处说是无视军法，往重处说是欺君瞒上，定个杀头之罪也不为过。然而，年迈的父亲无大儿，木兰又无长兄，木兰自己又习得一身好武艺，替父从征，既孝了亲，又报了国，两全其美。所以，花木兰保家卫国的故事永载史册，激励着后世女子巾帼不让须眉，争当报国英雄，也为男女平等的现代文明打了前站。

关云长华容道放走曹操的故事想必我们都不陌生，两军对垒，千钧一发之际，关羽却因一己私情，把无数将士用生命换来的擒拿曹操的大好时机送了人情。关羽的行为不单单是贻误战机，给他定个卖国的罪都不为过，按照现在的法律也应当判死刑，在当时也应该就地军法处置，然而，关羽的这一行为却常常被后人称道，这又是为什么呢？

综上所述，好故事的主人公的行为与其体现出来的精神这两者都不可偏颇，我们要将这两者放在价值的天平上称一称、量一量，然后才可以下结论，不可只看皮囊不观风骨。

好故事的逻辑不一定合情合理，但它的启发意义可能会价值连城。

就拿窦娥的故事来说吧，窦娥的三桩誓愿确实离谱得很：六月飞雪违背自然，血溅白练有违常理，亢旱三年荼毒生灵，但唯其如此，方能让大众感受到窦娥走投无路的绝望，才能让人民看透当时社会的黑暗，才能让舞台下的观众清醒地认识到自己的处境，放下奢望，奋起抗争。荆轲刺秦故事中的荆轲自然不会有民族统一的高远眼光，现在来看，大国统一才是颠扑不破的真理，但荆轲当时不一定能理解。正像当今世界上许多国家的人，甚至他们的领导人都看不到人类利益相连、命运与共的必然趋势，仍然固守着零和博弈的老巢甚至沉陷在修昔底德陷阱里不能自拔一样。在当时的社会环境中，荆轲面对着国家即将被攻破、人民即将受涂炭之苦的严峻形势，身为一国义士，自然会不畏强秦，抱定"壮士一去兮不复返"的决心慨然前行了，也正是因为这一壮举，荆轲成了千古英雄。

人类社会毕竟不是纯物质的世界，很少有非黑即白、非冷即热、非上即下的绝对现象，当真实与虚假发生了矛盾，真实为先；当行为与精神产生了抵牾，精神为上；当逻辑与价值发生了龃龉，价值为重。我想，这才是评价好故事的客观标准。

思格解析

本文针对材料中"好故事可以触动心灵、启迪智慧"的角度立意，从三则好故事的公认价值和部分人的质疑写起，先摆出"对立"关系，然后从三个层面阐释"统一"关系。主体部分明确指出，一些故事的情节是虚构的，与真实生活对立，但故事中真挚的情感与人类现实情感需求是相"统一"的；一些故事主人公的行为与完美有一定的距离，呈对立关系，但他的崇高精神与人类的精神追求是相统一的；一些故事的逻辑与现实的情、理有相悖的地方，呈对立关系，但它们在启发引导人方面的巨大价值与人类的价值追求是相统一的。文章结尾部分回扣三个分论点，总结全文。

思路拓展

我们还可以选取其他角度，选择另外的材料，用"对立与统一"的思路写文章。

生活中"公说公有理，婆说婆有理"的现象随处可见，我们就可以先选出一些这样的故事，探究"公"与"婆"持论的合理内核，体现其对立的一面，然后再往深远处想一想，他们的落脚点是否一致，是否符合公平正义；也可以追根溯源想一想，他们的出发点是否一致，是否符合公道良俗，从而找到他们"统一"的一面。比如越调《吵闹亲家》中母亲与儿子在操办红白喜事上矛盾冲突非常激烈，老母亲倡导节俭，儿子张大山力主奢华，但两人都是为了这个家能兴旺发达，能光光彩彩地站在全村人面前，这是一致的，大操大办的村风陋习才是矛盾的根源所在。母子二人在厌恶陋习方面的意见也是统一的，这样一个"对立与统一"的构思成就了一部经典剧作。

另外，像一些严师出高徒的好故事，公而忘私的好故事，"不破不立""不立不破"的好故事也都能体现这种辩证思维，按照材料要求，也都能写出来不错的文章。

三、下水作文（2）

【作文题目】

阅读下面的材料，根据要求写作。（2023年新高考Ⅰ卷）

好的故事，可以帮我们更好地表达和沟通，可以触动心灵、启迪智慧；好的故事，可以改变一个人的命运，可以展现一个民族的形象……故事是有力量的。

以上材料引发了你怎样的联想和思考？请写一篇文章。

要求：选准角度，确定立意，明确文体，自拟标题；不要套作，不得抄袭；不得泄露个人信息；不少于800字。

【下水作文】

好故事的标准不应囿于"心善"

当下，许多媒体报道的所谓的好故事偏重于肯定事件主人公的善，比如师生之间，无论学生多么调皮捣蛋，甚至蹬鼻子上脸，老师仍要和颜悦色、苦口婆心地教育，这样的老师才是好老师。再比如夫妻之间，无论另一半多么不讲道理，为了事业，或者为了面子，或者为了儿女，这一半就选择了忍气吞声，这样的这一半才是模范。送外卖的小哥，无论多苦多难被刁难到何种地步，甚至要骂不还口、打不还手，这才叫优秀。像这样的评价，等于把好故事的标准限定为"心善"，我认为这是有偏颇的。

《论语·宪问》中有这样一处对话，有人请教孔子"以德报怨"怎么样，孔子反问他"以德报怨，何以报德？"然后孔子给出了自己的答案：以直报怨，以德报德。这里的"德"可以理解为"善良"，"直"可以解释为"公平正直"。

孔子的话很有道理，说明他是个有远见卓识的人，他不主张冤冤相报，但也不主张和稀泥、苟且偷生、委曲求全。

我们再选取几个角度来分析为什么不能单靠"心善"行天下。俗话说"升米恩，斗米仇"，这句话的意思是：如果别人在危难的时候你给他很小的帮助，他会感激你。可是如果给他的帮助太多，让他形成了依赖，一旦停止帮助，反而会让他忌恨。人们由此还推出了这样一句话：善门不可常开。这话有些绝对，但也不是没有道理。

对处在磨难中的人来说，同情这些人是心地善良的表现，给予他们力所能及的帮助天经地义，但如果一味地物质援助、精神抚慰、心理同情，还只是做到了"心善"，如果不能把他们解救出来，让他们自力更生，那么这种"善"事只能说"不孬"，称不上最"好"。

我国的扶贫政策绝不停留在口头上的声援或手头上的救济，我们党领导下的扶贫工作是全面高效的，不仅输血，而且造血；不仅扶资金，扶政策，扶医疗，扶教育，扶吃穿用度，更扶人才，扶技术，扶产业，扶创业，扶思想，扶志气。扶贫工作不走过场，不打折，不停滞，不返贫。这样的行政，就不单是党和政府的"善"了，而是将"人民至上"的真理切实化为"富强人民"的行动，让每位公民都站起来成为真正"当家作主"的人。

对弱者的援助很容易赢得美名，对一些规章制度的遵守也容易博取青睐，比如对上级安排的工作任劳任怨，比如干工作时公而忘私，再比如为人处事时安分守己。当然，如果这些规章制度是正确合理的，那么严格遵守是理所当然的事，比如要按交通规则出行，红灯停，绿灯行，遇到黄灯等一等。但如果它不合理呢？比如近代史上一些大臣代表国家同外国侵略者签订不平等条约，比如一些"萝卜填坑"式的人才招聘方案，再比如领导屁股不离办公椅拍脑袋撺掇出来的制度。从常理上来说，下级服从上级、个人服从集体，可这样一味服从，个人是落下了个"好"字，"事儿"却被鼓捣坏了，长此以往，这个人就养成了奴性心理，一个个这样的人群聚起来，一代代这样的心理累积起来，就成了集体无意识，这是有亡国灭种危险的，细思极恐。

所以，对不合理的规章制度要直接站起来说"不"。正是敢于对大清戒律说"不"，旧民主主义革命者才推翻了封建专制建立了民主共和；正是敢于对帝、官、封的特权说"不"，才实现了新民主主义革命的彻底胜利；正是敢于对大国沙文主义和强权政治说"不"，我们才走上了从站起来到富起来再到强起来的中华复兴之路。

实践是检验真理的唯一标准，只有按实践检验的"真"行动才是不伤君、不害民、促进人类和谐共生、文明共进的好故事，两面派固然要不得，无原则和稀泥的好好主义也要不得。

对社会生活来说，一味抱着清心寡欲、淡泊宁静原则去处世的行为产生不了好故事，很可能滋生出躺平心理。有一句歌颂战士的歌词是这样的："你不扛枪我不扛枪，谁保卫咱妈妈谁来保卫她……你不站岗我不站岗，谁保卫咱祖国谁来保卫家。"这句歌词中的道理放到各行各业都是适用的。

社会是个大家庭，我们是这个社会的消费者，也应该是生产者，一味消费而不生产，对个人而言仿佛是看淡名利、无欲无求、无城府，实质上是一边消耗着别人创造的财富一边还自命清高，这种独善其身的"善"并不是什么好事，终究会掏空社会财富。人们常说，集"真善美"于一身才好，此言不虚。同样，我们要让发生在我们身上的事，都成为"真善美"的化身，这样的故事才是好故事，这样的人才是有价值的人，这样的人生才是有价值的人生。

思路解析

　　本文针对材料中"好故事可以帮助我们更好地表达和沟通"这个角度立意，采取散文化写法，旁征博引，一事一议。或剥离事件表层的统一，露出本质的对立，或撕破表层的和谐，揭示深层的流毒，最后总结归纳出中心论点：以"善"为标准的统一往往潜伏对立，并非真的统一，只有"真善美"融合一体的统一才是真的有价值的统一。

思路拓展

　　任何事物都是对立与统一的矛盾体，好的故事也不例外，我们可以让笔触继续深入生活，探讨好故事中对立的现象和统一的本质，进而肯定好故事的价值，给人以启迪。比如国共两党两度合作的故事，再比如改革开放之初，安徽凤阳小岗村十八位村民按下红手印分田到户的故事，再比如当今世界国与国之间政治经济博弈不断，而国民与国民之间经济文化继续交流的故事。

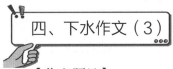

四、下水作文（3）

【作文题目】

阅读下面的材料，根据要求写作。（2024年高考新课标Ⅰ卷）

随着互联网的普及、人工智能的应用，越来越多的问题能很快得到答案。那么，我们的问题是否会越来越少？

以上材料引发了你怎样的联想和思考？请写一篇文章。

要求：选准角度，确定立意，明确文体，自拟标题；不要套作，不得抄袭；不得泄露个人信息；不少于800字。

【下水作文】

科技之速要适配人类之需

人类对外界的认知范围可以用一个圆来描述，这个圆的周长越大，人类的认知越广，人类的认知越广，产生的新问题越多。坎井之蛙只看到头顶巴掌大的一块天，学贯中西、云游四海的饱学之士却可以知古鉴今，纵横天下。我们不难看出，科技就像擘画这个圆周的矩角，它走得越快越远，人类要面临的问题就会越多越深。

茹毛饮血的时代，吃饱喝足就是人类的梦想，至于春种秋收、夏耘冬藏哪里顾得上去研究，风花雪月、山川胜景更不属于人类考虑的范畴。到了想做奴隶而不得的时代，人们奢望的是什么时候能够做稳奴隶，什么民主、自由、公正、法治那只是大人老爷们天生的标配，对于奴隶们来说，那些就像贾府的焦大不爱林妹妹一样，连想都不敢想。当人类当了家、作了主，资源尽可占用，欲望肆意膨胀，简直可以上穷碧落，下透黄泉。在人类驰而不息的口腹之欲中，科技一次次铺路，一次次越界，一次次得逞，也一次次碰壁。饕餮过后，一地鸡毛。痛定思痛，人类不得不把眼光投回自然，人与自然的和谐相处，蔚蓝星球与浩瀚宇宙的美好平衡，地上灵长与地外生命的对话成为科技的主题。在人类的口腹物欲上，绝不能一味地驱遣科技去解决旧难题，却罔顾新挑战。

当草实野果升级为麦菽稷黍，当满圈家禽、满栏家畜生产出鲜奶肉蛋，这已是人类的造化，偏有人还要吃尽天上飞的、地上爬的、水中游的，于是鸿鹄枭鸟、蛇蝎虫蠹、滩涂老鼋、深水鲸鲨，都被人类科技恣意网罗、开膛破肚、粉身刀俎。人类用疯狂的黑心，借助科技的獠牙，在饕餮中染了病毒、丢了健康、破了平衡、毁了家园。科技扶助人类种出五谷已得造化，酿就酱醋已属奢侈，暴殄天物已是犯罪。而现代，偏有人左添生长素，右加维生素，前加泽色提味的，后加增稠防腐的，外加丰富情调、致命诱惑的。科技无所不至，无所不能，想有即有，无所不有。结果，配比出来的鲜桃汁有鲜桃的味道却不沾鲜桃的边儿，调制出来的核桃露有核桃的香却不见半个核桃的影儿，这是科技的进步还是文明的倒退？所以，纵然科技研发潜力无穷，但人要为神经迷失的胃设限，不能解决了胃口问题却带来了胃穿孔的糗事。

当树叶升级为粗布麻衣已是"丰衣"，迭代为绫罗绸缎，已属奢靡，偏有人还非要披紫貂皮，着金缕衣，科技曾为之推波助澜。种树、养蚕、缫丝、纺织、裁剪，科技能做到严丝合缝，冶铁、铸箭、檠弓、围猎、熟皮，科技能达到集腋成裘，披沙、炼金、采石、攻玉、掐丝、错缕，科技能制出金缕玉衣。然而，穷奢极欲，富贵难续，劳民伤财，江山不保。岂不知，帝王将相，骚客富贾，与野夫村氓生前都是一口气、三餐饭，死后都是一抔土、数根骨。绫罗绸缎衬不出高尚灵魂，金缕玉衣保不住尸体不腐。无数科技满足的只是虚妄的欲念，最后还可能落得个"死有余辜"的下场。科技研发无所不能，但人的欲望要为之设限，解决难题天经地义，对非分要求要悬崖勒马。

当穴居洞藏转换为瓮牖绳枢、蓬床瓦灶已是跃进，能搬进青砖碧瓦屋、睡上草苫棉被炕已是神仙享受了，偏有人起高楼、筑大厦、修宫殿、造陵墓，科技无所不能，人居要适可而止。

君不见高楼失火，无处逃生；君不见双厦被撞，三千亡灵。君应知，万里长城今犹在，再无当年秦始皇；君不见华清池里洗凝脂，只今徒留一破坑。君应闻，生前被奴臣山呼的老佛爷，尽管将铺金垫银、含珠佩玉的死后事安排得千般如意、万般周详，一旦人设不再，难逃被孙殿英之流破墓开棺、搜尽珠宝、刮尽金银，落个弃尸成蛆的下场。

君定知，颜子渊身居陋巷，贤德远扬；刘梦得陋室悠然，铭辞相传；诸葛亮甘于草庐，人龙三顾；杜子美身处草堂，天下敬瞻；陆放翁僵卧孤村，梦系河山。科技固然可以无所不能，但它的职责不是打造个人的一方乐土，它的使命是开辟出人民幸福的万里江山。

当驴背马车能为人类代步，当蒸汽机、内燃机牵着轮子在铁轨上飞驰五洲，当轮船银鹰载着人们远足世界。科技已经为人类的出行极尽赋能，偏有人还要以300迈的速度让摩托上演"炸街"的惨剧，偏有人用滑翔伞甚至滑翔衣来验证流体力学的神奇，偏有人用高山蹦极体会重力加速度的畅意。科技有无限潜能，但它的作用是保护人，让人舒适幸福而不是制造惊悚、放大危险、毁灭生命。科技常常万能，但人万万不能任性。

科技在助力人类衣食住行中解决了无数难题，保障了我们人类的合理需求，促进了我们人类的文明，体现了正确的担当。科技潜力无穷，人类欲望无限，但我们人类一定要保持合理欲望，坚守正确价值导向，千万不能让科技成为人类贪欲的推手，因为稍有不慎，科技就成了杀人的凶器，锋利无比。

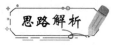

本文以"对立与统一"为思辨的核心，从两个层面展开，第一段是宏观层面，阐述人类认知越广，问题越多。第二段至第八段是微观层面，依次从吃、穿、住、行四个方面阐述科技带来的便利和不正常现象，体现了对立与统一的关系。最后一段总结全文，再扣中心。

依据"对立与统一"的辩证关系，我们还可以选取其他领域的事例进行阐述，比如科技推动经济发展与破坏生态的事例，科技增加生产与降低质量的事例，科技使信息传播快捷但真假难辨的事例，科技相对缩短人们空间距离和相对拉大心灵距离的事例等。由于唯物辩证法是世界观，世间任何事物都附着它的影子，又因为唯物辩证法是方法论，世间任何问题也都能通过它得以解决。

第五章　联系与发展

一、哲学阐释

联系是指一切事物之间和事物内部各要素之间的相互依赖、相互影响、相互制约和相互作用。联系的普遍性、客观性、多样性和条件性构成了事物联系的基本环节。例如"唇亡齿寒""城门失火殃及池鱼""人类命运共同体"强调的就是联系。

联系的形式是多样的，不同的联系对事物的发展起着不同的作用。主要形式有：直接联系和间接联系，内部联系和外部联系，本质联系和非本质联系，必然联系和偶然联系等。

发展是指新事物的产生和旧事物的灭亡，即新事物代替旧事物的过程。这一过程是在事物的普遍联系和相互作用中实现的。例如"沧海桑田""革故鼎新""士别三日，当刮目相看""芳林新叶催陈叶，流水前波让后波"强调的就是发展。

联系与发展是紧密相连、不可分割的，它们共同构成了事物运动、变化和发展的内在机制。物质世界的普遍联系和永恒发展是唯物辩证法的总特征。唯物辩证法作为对世界状况正确反映的科学体系，强调把联系的观点和发展的观点统一起来，这样才能正确地揭示世界的本来面目。

二、下水作文（1）

【作文题目】

阅读下面的材料，根据要求写作。（2023年新高考Ⅰ卷）

好的故事，可以帮助我们更好地表达和沟通，可以触动心灵、启迪智慧；好的故事，可以改变一个人的命运，可以展现一个民族的形象……故事是有力量的。

以上材料引发了你怎样的联想和思考？请写一篇文章。

要求：选准角度，确定立意，明确文体，自拟标题；不要套作，不得抄袭；不得泄露个人信息；不少于800字。

【下水作文】

好故事源于生活又反哺生活

好的故事，哪怕是神话故事都根植于生活的土壤，来自生活的好故事又反过来滋养着生活，使生活成为产生更好故事的沃土，唯其如此，千秋万代的好故事才层出不穷，我们人类文明才滚滚前进。

生活是好故事产生的根基，生产有多么丰富，好故事就有多么精彩，精彩的故事又反过来促进生活向着更加美好的未来发展。

同自然界斗争是人类亘古不变的生活，人类在战胜自然、改造自然或与自然和谐共处的文明进程中产生了大量好故事，这些好故事如恒河沙数，数不胜数。神农氏尝遍百草，以大无畏的牺牲精神为解除部落中人们的疾病寻医找药；燧人氏求索不止，以钻木取火终结了茹毛饮血的野蛮，促进了人体的健康，延长了人类的寿命；鲁班由一根划伤手指的茅草生发灵感，发明了铁锯，减轻了木匠们的劳苦。商周以及之前时期发明的甲骨文、制作的青铜器，战国时期发明的水车，东汉蔡伦发明的造纸术，张衡制造的地动仪，唐代发明的曲辕犁，宋代毕昇发明的活字印刷术，明清至现代开发的工矿业，当下的大疆无人机、宇树机器人、深度求索人工智能，这一桩桩、一件件发明创造的好故事无一不是来自生活。生活是好故事产生的根基，它们来自生活又反哺生活，减轻了人民的劳动强度，提高了生产效率，丰富了人类生活，促进了文化文明。

人类美德是好故事的枝头繁花，装点着我们的精神世界，描绘出人类文明的美丽画卷。

生活显形于外，美德赋神于内。在长期的生活中，人们认识到互助团结的重要性，于是部落产生了，氏族部落有着共同的意志，这种共同意志凝聚出共同崇尚的美德。由于有这样的美德，尧被推举为部落首领，尧公而忘私，制定历法，发展生产，将"以法治国"与"以德治国"相结合，为部落奉献了一生。尧年龄大了，就根据人们共同的意愿将位置传给了集美德于一身的舜，舜年老了，将位置传给禹，这就是"禅让制"的美谈。春秋无义战，但两军对垒，决不伤"二毛"，"二毛"就是长有黑、白两色头发的人，因为他们是上了年纪的老战士，他们上有老，下有小，肩负养活两代人的责任，任重而道远，所以，战场上对手不忍心伤害他们，这是我国古代战争中的佳话。为了巩固边防，更为了民族团结、人民安定，诸葛亮七擒孟获又七纵孟获，让孟获这位杀人不眨眼的山大王心悦诚服地归顺蜀汉，成了"协和邻邦"的楷模。还有商鞅在城门立木秉公执法的故事，苏武北海牧羊坚守汉节的故事，司马迁宁肯受腐刑也要秉笔直书著青史的敬业故事。人类追求正义与公理的精神，向真、向善、向美的仁德是好故事的枝头繁花，装点着人们的精神世界，描绘出人类文明的美丽画卷。

对后世的长远教育是好故事结出的硕果，指引我们去建设更加美好的生活。

有一本书叫《上下五千年》，一经出版便备受青睐，被重印了几十次，并且随着时代发展还在不断地被增订和重印。《上下五千年》里的故事是中华好故事的精华，读者们在阅读这些好故事时心灵受到震撼，思想受到熏陶，品格得到锤炼，行为变得崇高，这些故事对于个人的成长、家庭的幸福、社会的稳定、民族的昌盛功不可没。苏联作家奥斯特洛夫斯基写有一部小说叫《钢铁是怎样炼成的》，这部小说成为无产阶级教科书式的文艺作品，它对我国无产阶级政权的建立，对社会主义改造的成功，对共产主义理想信念的确立功莫大焉。我国文学界的《红岩》《青春之歌》《保卫延安》《平凡的世界》等作品，更是坚定我国道路自信、理论自信、制度自信、文化自信的标杆性作品，这些都是好故事影响下结出的文化硕果，给后世读者以长远的影响，鼓舞着他们去热爱当下的生活，去建设更加美好的生活。

综上所述，好故事不单是对生活的再现，它源于生活，萃取于生活，融铸着美德，是生活中万紫千红的花卉，是精神高地上最闪亮的光。它最终酿成精神的琼浆，反哺着我们人类的文明，滋养着我们人类的希望。

本文立意比较宽泛，多方面选取写作材料，既谈了好故事对改变命运的关系，也讲了好故事展现民族形象的内容，还写到了好故事触动心灵、启迪智慧的作用。全文运用"联系与发展"的思维构思，从三个方面展开阐述。一是好故事与生活的广泛联系和对物质生活发展的推动作用，二是人类美德与生活的联系和人类文明形成的关系，三是文化成果对后世读者的影响及其对建设更加美好生活的作用。全文呈现出由物质到精神、由浅层到深层、由过去到现在再到未来的结构关系。

联系与发展是唯物辩证法的总特征，它体现在所有的人事物象上面。我们还可以选取一些自己熟悉的好故事，从"联系与发展"的角度探讨它们与周围事物在时空上的关系。如果能把几个好故事之间的异同挖掘出来，文章就更有深度了。比如你的成功故事或你所知道的成功故事是采用了"先破后立"的模式还是"先立后破"的模式，具体到学习进步这件事，是先立下目标，再破除障碍，最终达成目标呢，还是在没有目标的情况下，随性而为，最后意外达成了目标呢。诸如此类故事，深挖细研，表现真实生活，厘清真实联系，看明真实发展方向，表达出真实感受的文章就是好文章。

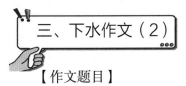

三、下水作文（2）

【作文题目】

阅读下面的材料，根据要求写作。（2023年新高考Ⅰ卷）

好的故事，可以帮助我们更好地表达和沟通，可以触动心灵、启迪智慧；好的故事，可以改变一个人的命运，可以展现一个民族的形象……故事是有力量的。

以上材料引发了你怎样的联想和思考？请写一篇文章。

要求：选准角度，确定立意，明确文体，自拟标题；不要套作，不得抄袭；不得泄露个人信息；不少于800字。

【下水作文】

好故事也在与时俱进

"江山代有才人出，各领风骚数百年。"历史造就英雄人物，英雄人物缔造英雄故事，英雄故事闪耀时代光芒。好故事与时俱进，在人类文明发展的不同历史阶段树立起一座座不朽的丰碑，成为一代代践行者的路标与灯塔。

当国家四分五裂时，能促进祖国统一大业的故事就是最好的故事。

从秦皇汉武到唐宗宋祖，从成吉思汗到现当代风流人物，无数人在追求民族解放、国家统一和人民富足的道路上书写了可歌可泣的好故事，这些好故事自然成了人类文化宝库中璀璨的明珠。

战国时期，七雄争霸，万民罹难，生灵涂炭。各诸侯王"争地以战，杀人盈野；争城以战，杀人盈城"，人口急剧下降，生产遭到极大破坏。当是时，摇舌鼓唇者昌，务农生产者亡，铁甲卫士者战死，鳏寡孤独者无望，饿殍遍地，民不聊生。秦始皇奋六世之余烈，振长策而御宇内，履至尊而制六合，使胡人不敢南下而牧马，士不敢弯弓而报怨。六国臣服，四海夷平。然后统一货币，统一度量衡，"车同轨，书同文，行同伦"，天下权力统一集中央，万民同宗一主，实现了中华民族的第一次大统一。虽然历史书和演义小说上将秦始皇刻画成焚书坑儒、严刑苛法的暴君，但他给民族带来了统一，给人民百姓带来了安定，保障了生产发展和繁衍生息，他统一天下的功业必当彪炳史册。

秦始皇以来，朝代更迭大多是为了结束分裂和纷争，以维护人民的生存和发展权利。所以，伟大的领袖毛泽东在《沁园春·雪》一词中对秦皇、汉武、唐宗、宋祖、成吉思汗都给予了相当的肯定，毛主席在这首词中之所以把创造和建设新中国的人民称为当今"风流人物"，正是充分肯定了近现代中国人民在推翻反动统治、驱逐外敌、结束民族分裂、实现国家独立斗争中所作出的不可磨灭的贡献。

当国家发展时，能坚持改革开放，开拓进取，为国家富强和人民幸福谋福祉的故事就是最好的故事。

从安徽凤阳小岗村 18 位农民按下的红手印，到深圳、珠海、汕头、厦门、海南五个经济特区的设立；从大连、秦皇岛、天津、烟台、北海等十四个沿海城市的开放，到上海、广东、天津、云南、黑龙江等 21 个自由贸易试验区的建设；从邓小平同志提出的"两个大局"的伟大构想到党的十八大重提"两个一百年"的奋斗目标；从"两弹一星"功勋，到"改革开放先锋"，到"国家最高科技奖获得者"，改革开放四十年，无数的领域，无数的先驱者，无数的普通劳动者书写了一篇篇激荡人心的诗篇，共同掀起了中国改革开放的浩荡春潮。

我们难忘中国改革开放事业的总设计师邓小平同志，在中国革命和建设的紧要关头，他总能力挽狂澜，以战斗争胜利，以改革促发展，以民生保稳定，以战略眼光观世界，准确研判国内外形势，准确把握社会主义的本质，充分开展真理标准的大讨论，明确指出贫穷不是社会主义，带领中央第二代领导集体制定"一个中心两个基本点"的基本路线，明确指出"和平与发展"的时代主题，以埋头苦干、韬光养晦的战略，多快好省地为社会主义改革开放、强国富民赢取了宝贵的发展时空，使我国稳步崛起，走到大国应有的地位。有一首歌叫《春天的故事》，就是对邓小平同志改革开放伟大决策的艺术概括：春雷啊唤醒了长城内外，春晖啊暖透了大江两岸……春风啊吹绿了东方神州 春雨啊滋润了华夏故园 。

春风骀荡神州翠，华夏大地，百花齐放，各行各业，人才辈出，大家各显神通，尽展其能，实现了政治、经济、教育、科学、文化等全面"井喷式"发展，中华儿女在不同战线上书写出最美的故事。

当国家强盛时，能展现大国担当，不称霸、不强权、不存偏见、不双重标准，能促进人类命运共同体事业和谐发展的故事就是最好的故事。

从 2001 年正式加入世贸组织，到 2010 年成功举办上海世博会，从 2008 年举办北京奥运会到 2017 年举办"夏季达沃斯"会议，从 2013 年习近平主席提出"一带一路倡议"，到 2017 年在北京召开"一带一路"国际合作高峰论坛，从中国东盟博览会到中国－阿拉伯国家合作论坛，从按时足额交纳联合国会费，到按联合国要求参与世界维和，从援助亚非拉发展中国家经济建设到参加全世界救灾、抗疫活动，从谴责霸权维护主权和国家利益到维护《联合国宪章》，作为联合国安理会五大常任理事国之一的中国，可以说是这个世界上坚守正义与公理、爱好和平与发展人们的主心骨，是暗流涌动的世界大潮中的定海神针，是人类文明巨轮破浪前行的压舱磐石。中国真正树起了大国形象，扛起了大国责任，在国际风云榜上书写了一个个可歌可泣的人类好故事。

蔚蓝星球是我们美丽的家园，也是唯一的家园。日月轮回，沧海桑田，时代在前进，世事在变幻，但唯一不变的是人类对正义与公理的捍卫，对真、善、美的追求。我们人类是这个星球上最美的生灵，我们勤劳、睿智，充满温情和善良，我们在为命运与共、和谐发展的人类文明进程书写着最好的故事。

本文针对材料中"好故事可以改变命运"和"好故事可以展现民族形象"两个角度立意，以我国成立和发展的三个历史阶段为材料，提取了三个分论点。第一个分论点是：当国家四分五裂时，能促进祖国统一大业的故事就是最好的故事；第二个分论点是：当国家发展时，能坚持改革开放，开拓进取，为国家富强和人民幸福谋福祉的故事就是最好的故事；第三个分论点是：当国家强盛时，能大国担责，不称霸、不强权、不存偏见、不双重标准，能促进人类命运共同体事业和谐发展的故事就是最好的故事。三个分论点之间有联系和发展的关系，每个分论点内部也体现了联系和发展的关系。

以时间或空间结构全文是传统的结构方式，这种方式能使文章脉络清晰，结构井然，按这样的结构方式很容易就搭建出了写作的提纲。提纲搭建好后，我们可以选取另外的一些好故事来阐释观点。为了便于写作，同学们可以联系历史课本上学过的好故事，运用"联系与发展"的思维阐释，也可以联系当前媒体报道的热点故事阐释，还可以按时空顺序，运用自己身边人或自身成长的故事来阐释，阐释过程中要体现联系与发展的思维，体现事件各要素之间联系与发展的关系。

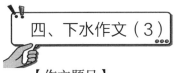

四、下水作文（3）

【作文题目】

阅读下面的材料，根据要求写作。（2024 年高考新课标 I 卷）

随着互联网的普及、人工智能的应用，越来越多的问题能很快得到答案。那么，我们的问题是否会越来越少？

以上材料引发了你怎样的联想和思考？请写一篇文章。

要求：选准角度，确定立意，明确文体，自拟标题；不要套作，不得抄袭；不得泄露个人信息；不少于 800 字。

【下水作文】

科技解决问题的质量要考量三个维度

随着互联网的普及和人工智能的运用，人类用科技解决问题的速度越来越快，解决问题的数量越来越多，如果据此就说人类的问题会越来越少，言之尚早。我们可以从三个维度分析科技对人类问题的解决程度：量度、速度和效度。

翻过一重山，又见一重山，现代科技在帮助人类减少着当前的问题，但宇宙无边，人类繁衍，随着人类视野的拓展、认知的深入，旧问题迎刃而解，新问题扑面而来，对科技解决的问题无法做定量分析。

随着伽利略望远镜的发明和开普勒行星运动三大定律的发现，"地心说"土崩瓦解，"日心说"随之确立，但谁是宇宙中心的问题并没有得到解决，因为虫洞、黑洞、平行宇宙理论诞生了，这些新理论使宇宙到底有没有边疆成了疑问。按照霍金的理论，宇宙是有边疆的，那么宇宙的边疆到底又在哪里，无法确定边疆的宇宙又如何能确定它的中心？

回答这个问题并非轻而易举。1915 年，爱因斯坦的广义相对论率先对黑洞作出了预言，一百年后的 2019 年，全球大地科学家协同拍摄出人类第一张黑洞照片，这才让爱因斯坦的预言得到科学的证据。这个黑洞距离地球 5500 万光年，质量约为太阳的 65 亿倍。单是一个黑洞的证实科学家们就用了一百年，那么，大尺度的宇宙探秘一定是个不可知量。

尽管科学有发展，但很明显，随着人类视野的开阔和认知的深化，产生新问题的速度比科技破解新问题的速度要快得多。

马克思主义哲学是唯物主义哲学，唯物主义把物质认定为世界的本原，认为世界是物质的，用科学解释就是无论宏观物体还是微观粒子，它们都是由质子、中子、电子等基本粒子组成的。但是，自从 20 世纪 30 年代，科学家发现了带正电的电子后，他们就开启了认识反物质的脚步。到了 20 世纪 50 年代，随着反质子和反中子的发现，科学家们开始明确地意识到，任何基本粒子都在自然界中有相对的反粒子存在，从此，反物质理论基本确立。这种理论认为，反物质是正常物质的反状态，当正反物质相遇时，双方就会相互湮灭抵消，发生爆炸并产生巨大能量，能量释放率要远高于氢弹爆炸。人类寻找反物质的科学研究紧紧跟上，2011 年，由美籍华裔科学家丁肇中教授领衔的阿尔法磁谱仪国际合作实验付诸实施。如今，这个探索反物质的大型实验已经取得了重要成果并产生了一些意想不到的发现。这些发现使对反物质的探寻一波未平一波又起：科学家意外发现赤道上正电子与负电子的比率是 4∶1，赤道上方的氦 3 比氦 4 要大得多，这些反常现象又说明了什么呢？

正如弗莱明意外发现了青霉素，伦琴意外发现了伦琴射线，波义耳偶然发现盐酸会使花瓣变红，牛顿偶然发现万有引力一样，那个问题的答案尚"待字闺中"，千呼万唤不出来，这个问题可就急不可耐地横空出世了。所以，从速度上看，新问题出现的速度总比旧问题解决的速度要快。

神话世界称"天上一日，人间一年"，科技发展如同天降人间，风驰电掣，而这种速度优势在解决问题的效度上又常常难以判定它的价值。

科学研究得知，从类人猿到人的演化大约经过了 300 万年，这 300 万年大致可以分为四阶段：从类人猿到早期猿人的形成约用了 120 万年；从早期猿人演化到能直立行走的晚期猿人，约用了 150 万年；从晚期猿人发展到早期智人约用了 20 万年；从早期智人成长为像我们现在这个样子的晚期智人约用了 4 万年。人类从原始社会到资本主义社会走了三千年，从工业 1.0 时代到工业 2.0 时代只用了 200 年，从虚拟网络的工业 3.0 时代到人工智能的工业 4.0 时代只用了几十年。然而，科技用几十年的时间却创造了人类前 3000 年都创造不出来的物质世界。如今，人类无翅也能飞天，无鳞也能潜水，不靠双眼也能遥巡天河，不用两耳也能捕捉天外之音，那些古代神话里无所不能的神仙，那些现代小说中技艺绝伦的超人，在现代科技里根本不值一提。科技的飞速发展几乎可以助力人类无所不能，但飞速科技催生的几次工业革命也产生了巨量的碳排放，如今，乌云仍在翻滚，污浊仍在奔流。飞速发展的科技刺激着世界的联通，但也造成了良田被"开膛"、青山被"破肚"，看不见的空气里，电磁辐射交叉错布。飞速发展的科技需要大量物资来保障，所以霸权仍在横行，剥削仍在任性。高速发展的科技并没有让多少人腾出身子来陪陪家人、品品香茗，也并没有让多少人腾出时间来哼哼小曲、拂拂柔弦。反而让许多人像一个高速旋转的陀螺，头碰南墙也转不了弯，累成豆角仍不得闲。这样的高速发展对人类的幸福指数来说又有多大的效度？它是否解决了人类真正想解决的问题？

电光石火，转瞬即逝，读图时代，一目十行，度娘不知疲倦，手机不会休息，一机手中拿，万事都不怕。指尖一动，答案毕现，无数问题，迎刃而解。扫几眼电子屏，天下信息尽收眼底；点一点小鼠标，几个 G 的文件转存硬盘。科技使信息量呈几何级飙升，但人们书架上的纸质书少了，电子贮存的空间涨溢了，U 盘扩容成移动硬盘，移动硬盘扩容到网盘，从"百度网盘"到"阿里云盘"，从"夸克网盘"到"腾讯微云"，存的知识比《四库全书》还要多得多，但一个新现象连着一个新问题，除了存贮还是存贮，基本不能平静下来对一个新问题进行刨根问底的钻研。所以，人们的记忆量并没有与日俱增，人们的见识也难以与时俱进，写作时的例子还是三皇五帝，科学上的巨人还是牛顿爱迪生，谈天文还是牛郎织女，说地理还是五湖四海，论历史还是儒墨道法，讲哲学还是希腊罗马，观行动还是拉帮结派建壁垒。有无数的科技仿佛只是吹出了一个个巨大的肥皂泡，肥皂泡上映满了古圣先贤、科技巨擘、思想大纛，他们飘然空中，很难落地，世界仍在上演着物质文明与精神文明的二律悖反，这究竟是科技的进步还是文明的踯躅？

总之，以互联网、人工智能为代表的现代科技给人类带来了深远的影响，很大程度上改善了我们人类的生活，而是否救赎了人性、幸福了人生，尚需我们拭目以待。

思路解析

这篇文章以"联系与发展"的思维组织材料、安排结构，依次从"量度、速度、效度"三个角度谈科技对人类生活的关系，体现了科技与人类的广泛联系和影响，辩证阐述了科技在解决人类问题时显示出的量度、速度和效度特征，有褒有贬，立意鲜明。

思路拓展

本文所举事例关涉宇宙探索、哲学进步、人类演化，着眼点比较宏观。我们写作时也可以从微观入手，甚至从贴身生活入手选例阐释，比如快餐、外卖、营养餐中的速度与问题，再比如快速养殖种植的速度对经济效益和社会效益的影响，再比如学校生活学习的快节奏与效率问题等，还可以针对你所熟悉的知名企业的兴衰浮沉、经验教训来写科技的联系与发展问题。

第六章 必然与偶然

一、哲学阐释

必然是由事物的本质联系所规定的、确定不移的发展趋势，它决定着事物发展的基本方向，例如春华秋实是必然，生老病死是必然。

偶然是事物发展过程中由非本质联系引起的不确定的现象，它可以发生，也可以不发生，可以这样发生，也可以那样发生，它只能对事物的发展起加速或延缓作用。例如，在北半球六月飞雪是偶然，长命百岁是偶然。

必然和偶然互相联系、相互依存，不可分割。必然是偶然的基础，支配着偶然，但又要通过偶然表现出来，为自己开辟道路；偶然表现和补充着必然，使事物的发展过程呈现出更加丰富多彩、曲折复杂的情景，但它又不能完全摆脱必然的制约。

必然和偶然在一定条件下可以互相转化。同一现象在此种联系中是必然的东西，在另一种联系中可能是偶然的东西。

唯物辩证法要求人们透过偶然抓住必然，坚定地走历史必由之路；同时又不能忽视偶然，准备应付复杂多变的偶然情况。

二、下水作文（1）

【作文题目】

阅读下面的材料，根据要求写作。（2023 年新高考 I 卷）

好的故事，可以帮助我们更好地表达和沟通，可以触动心灵、启迪智慧；好的故事，可以改变一个人的命运，可以展现一个民族的形象……故事是有力量的。

以上材料引发了你怎样的联想和思考？请写一篇文章。

要求：选准角度，确定立意，明确文体，自拟标题；不要套作，不得抄袭；不得泄露个人信息；不少于800字。

【下水作文】

冰冻三尺非一日之寒

——中华好故事的精神必然引领人类文明

众所周知，中华文明是"世界四大文明古国"中唯一没有中断的文明，我们中华文明之所以五千年长盛不衰，必然是因为它符合了绝大多数人的根本利益和审美需求。

中华文明博大精深，中华好故事是中华文明的重要载体，这些故事的创造者是一代代普普通通的中国人。

中华好故事讲述得最多的是在平凡中见伟大，于危难时见风骨的人物故事，而人类历史正是由数十亿计的平凡劳动者创造的。我们中国人口占世界总人口的五分之一，可以说，中华好故事是中国的，也是我们这个世界的。

君不见为治理肆虐的洪水三过家门而不入的大禹，他本是人民推举的群众代表；君不见为大汉和匈奴营建出长期太平的王昭君，她只是三千佳丽中的一名宫女。君应知，那远走大漠打通西域商贸通途的张骞，他以九死一生的跋涉促进了世界文明的交融，他只是一名臣子；君应知，为应日本之邀去讲律传法，鉴真和尚曾六次东渡，还为日本送去了营造、塑像、壁画之法，被日本人尊为律宗之祖，他只是一位僧侣。君应知、郑和七下西洋，历时28载，到达37国，宣扬教化，扶助弱小，抑止强暴，促进了各国间的和平，他原本只是一个宦官。君当知"有条件上，没条件创造条件也要上"的铁人王进喜，他只是一名普通工人；君当知把好事做满一火车的雷锋，他只是一名战士；君当知，带领林县十万人民凿出人间天河——红旗渠的杨贵，他只是一名基层干部。这些好故事中的主人公不是天定的神，也不是世袭的王，他们却能为民请命、为国分忧、为世界开太平。在这条通天大道上夙兴夜寐、披荆斩棘，树立起了人类文明的丰碑。

鲁迅先生在《中国人失掉自信力了吗？》一文中讲得好："我们从古以来就有埋头苦干的人，有拼命硬干的人，有为民请命的人，有舍身求法的人……虽是等于为帝王将相作家谱的所谓'正史'，也往往掩不住他们的光辉，这就是中国的脊梁。"鲁迅先生的这段话可以说是对中华好故事中平凡而伟大的主人公的中肯评价。

中华好故事中的优秀精神对一代代中国人产生的有益影响也是必然的，他能让向真、向善、向美的中华优秀传统薪火相传、代代相承。

一代代中国人，从盘古开天辟地、夸父逐日、愚公移山、精卫填海故事中学到了敢与自然争高下、改造自然、为民造福的斗争精神，从三皇五帝行仁政、仓颉造字、伏羲推演八卦、燧人氏钻木取火、神农氏遍尝百草等优秀故事中传承了为民造福的担当精神，从苏武牧羊、弦高救国、岳飞抗金、戚继光抗倭、郑成功收复台湾等故事中培养了爱国精神，从造纸术、印刷术、指南针、火药术中汲取了用科技改善生活的精神力量，从抗美援朝、抗美援越、参与联合国维和、建构人类命运共同体的好故事中发扬了伟大的国际主义精神。一个个中华好故事，构筑起中华文明的亮丽风景线。这些珍贵的精神财富通过我们完备的国家教育体系、高尚的家风影响、口耳相传的代际传授已融入一代代中国人的血肉筋骨中，成为炎黄子孙强大的文明基因，影响着、服务着、奉献着、加持着、壮大着人类文明。

中华好故事中的优秀精神也必将进一步推动甚至主导我们人类的文明。

看往古，老子的"大同"思想，孔孟的"仁义"精华，韩非的"法制"理念，庄子的"和谐"主张，这些难道不是柏拉图、亚里士多德、孟德斯鸠、马克思、恩格斯等人思想的启蒙吗？看近代，中国人民抗击八国联军，消灭帝制，抗击日本侵略，加入反法西斯统一战线，在近代世界人民争取民族独立、民主自由、国富民强的道路上，我们中国总是走在最前列，付出的牺牲最多，做出的贡献最大，是生力军，更是主力军。看当下，加入世贸组织，维护联合国权威，坚守国际法原则，派出维和部队，按时足额交纳联合国会费，全力参与人类抗疫斗争，帮助亚非拉落后地区建设，构建"一带一路"，倡导"人类命运共同体"，我们中国在为世界的和平、发展奔波不息、奉献不止。

有句话说得好："民族的才是世界的。"中华民族的精神源头就在"天道有正，天下为公"，我们中华好故事的底子里汇聚着全人类文明的优秀基因，所以必然得到世界人民的永远拥护。

本文针对材料中好的故事"可以改变一个人的命运""可以展现一个民族的形象"两个角度立意，并将"改变一个人的命运"上升到"改变一个国家、改变整个世界的命运"上来。主体部分运用"必然与偶然"的构思，依次从"普通劳动者的伟大创举""优秀精神的代代相承"和"优秀精神对人类文明的推动与主导"三个方面阐述中华好故事中高尚精神对人类文明的贡献和引领作用。

这些中华好故事，单独看可能是偶然的，放到历史长河中来看，是必然的，都体现了中华民族恒久流传的伟大精神。

上文选例丰富，是站在国际、国家的角度来写的，我们还可以将选取材料的角度缩小，将写作视角放到我们熟悉的领域，比如我国古代四大文学名著中的好故事，我们县域历史中的好故事，当前创建文明城市中的好故事，校园内的励志故事，班级中的模范故事等，从这些故事中都可以阐发出"必然与偶然"的哲理。

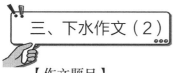

三、下水作文（2）

【作文题目】

阅读下面的材料，根据要求写作。（2023年新高考 I 卷）

好的故事，可以帮助我们更好地表达和沟通，可以触动心灵、启迪智慧；好的故事，可以改变一个人的命运，可以展现一个民族的形象……故事是有力量的。

以上材料引发了你怎样的联想和思考？请写一篇文章。

要求：选准角度，确定立意，明确文体，自拟标题；不要套作，不得抄袭；不得泄露个人信息；不少于800字。

【下水作文】

中华好故事必然会层出不穷

我们中国有句俗话讲得很有哲理：种瓜得瓜，种豆得豆。我们中华优秀文明基因在代代相传中变得稳定而强大，就好比种下了优良的种子，必然会生出苗壮的芽，长成参天的树，也必然会开出鲜艳的花，结出丰硕的果。

中华悠久的历史是中华好故事层出不穷的源头活水。

众所周知，四大文明古国中只有我们中国的文明从来没有中断，以黄河为发祥地的汉文化扎根厚实的黄土，迎着八面的来风，激荡着奔流到海的渴望，怀揣着剑指五岳的梦想，成长为世界上最坚挺的文化。这坚挺的文化又滋养着这片黄土地上的子民，让他们在黄土、黄沙、黄汤、黄水、黄米粥的天地里成长为黄皮肤的精壮汉子。它铁臂能挥，是大禹治水的耒耜，是盘古开天的板斧，是女娲抟土的巧手，是岳鹏举横扫千军的长枪，是杜子美彪炳史册的文笔。它长袖善舞，是飞天的襟袖，是湘妃的裙裾，是洛神的衣袂，是司马的青衫，是西楚霸王的长剑，是太白子瞻的飞髯。它金嗓震耳，是"王侯将相宁有种乎"的呐喊，是"大风起兮云飞扬"的酣畅，是"我自横刀向天笑"的向死，是"试看未来的寰球，必是赤旗的世界"的追光，是"中华人民共和国今天成立了"的无可抵挡，是人类命运共同体的世界合唱。上下五千年，中华民族书写的和书写着的好故事一层层垫起人类文明的高台，尽显世界文明的风采。

中华民族有被侵略的过去，但从没有被征服的历史，反而，那些侵略者最终被中华文化感动、折服、同化，甚至皈依中华。从秦汉到唐五代，从宋元到明清，从近现代到新时代，概莫能外。那贡赋汉唐的戎狄，那听闻岳家军披靡丧胆的金兵，那些不得不被汉化的元朝政治体制，那心甘情愿向大明俯首的高丽南蛮，那主动学习三省六部科举制、任命汉族高官管理的清廷，还有抗战时期被延安精神感动而倒戈的日本兵，被中国领袖补丁摞补丁的衣服震撼的西方记者，被中国共产党红色信仰折服而大力支援中国抗战事业的国际友朋，被中国独立自主和平外交政策鼓舞而站起来的第三世界的一个个国家、民族和地区。中华文明在与世界其他文明碰撞交融中发出独特的光辉！

当今，处在世界百年未有之大变局中，俄乌冲突不断升级，巴以战争火上浇油，台海矛盾波谲云诡，世界形势变幻莫测。中国，依然是人类和平与发展主题的定盘星、压舱石。在不结盟、不称霸、不选边、不站队，独立自主和平外交政策下，中国源源不断地叙写着当今世界最好的故事。

中华好故事层出不穷还源于丰厚淳朴的文化土壤。

自古以来，中华文化都以兼容并蓄著称，黄河文明的厚重，长江文明的浩荡；西北汉子的彪悍，江南才子的儒雅；达官巨贾的克己，黎民苍生的奉公；鼓乐的高亢，弦乐的悠扬；京腔大调属阳春白雪，俚曲小唱是下里巴人。它们齐聚神州，各有自己纵横的天地，彼此又有共生的乐园。在交互中相融，在借鉴中补充，有武装的霸权，却没有文化的欺凌。地域不同、语言有别、服饰相异，甚至图腾相悖、信仰相抵的人们，在追求真善美上总是相向的，这既是数千年自给自足自然经济的影响，也是我们中华民族一向以礼义治天下的基因。正是这种博大浩瀚、兼容并蓄的中华文化繁衍了华夏子孙，创造了层出不穷的好故事。

中华好故事层出不穷还得益于中华民族高远的视野。

数千年前，中华文明就提出了天下大同的理念，当诸子百家开启人类文明对话时，中华文明已经有了老祖宗们对自然和人类经验的数千年积累，对人与人、国与国交往的洞察。而那时候，柏拉图和亚里士多德还没有出生，北美大陆还是不毛之地，释迦牟尼还没有创立佛教，巴比伦城已经倾颓，更不用说那些仍在茹毛饮血、刀耕火种的地区。近现代热兵器的斗争，最终使生态遭到破坏，生灵遭受涂炭之苦，人类成了自己扼杀自己的罪魁祸首。我国封建时代的统治者尚且知道安边民、和戎夷、休养生息、顺应自然，而当今时代，那些自诩把现代文明武装到牙齿的独裁者、霸权者却仍然想依靠坚船利炮甚至搬出原子弹氢弹等核武器来搅乱太平、恐吓人类、屠戮文明，真是匪夷所思。

1988 年，世界各国诺贝尔奖得主在巴黎集会，会上大家一致认为，人类要在 21 世纪生存下去，必须从两千五百年前中国的孔子那里去寻找智慧。此言不虚，孔子讲的"仁"以天下、"己所不欲，勿施于人"才是处理人与人、国与国关系的基本原则。"同一个世界，同一个梦想"的中国北京奥运会口号，构建人类命运共同体的中国倡议，才是当今世界最动人的声音，才能创造出最美丽的人间故事。

悠久的历史，兼容的胸怀，高远的视野，世界上还有哪一块土地能像我们中国这样源源不断地产生好的故事呢？

思路解析

本文以"中华好故事的成因"为论题，从三个角度阐述了中华必然会产生好故事的原因，一是悠久的历史，二是丰厚淳朴的文化，三是中华民族高远的视野。这三个方面的优势也展现了中华民族的光辉形象，所以，本文也针对了材料中的"好故事可以展现一个民族的形象"立意。

思路拓展

我们还可以从作文材料中选择我们有话可说的其他角度立意，比如选取与"可以触动心灵""可以启迪智慧"有关的好故事来写，从这些故事中阐发其产生或影响的必然性和偶然性。如果作者历史知识丰富的话，还可以选取国际或国内的革命史、改革史、科技史、教育史等方面的素材。如果作者从当前媒体上获得的时新素材比较丰富的话，还可以从这些素材中阐发好故事产生的"必然与偶然"性。总之，以逻辑为灵魂，把素材当血肉，这样写出的文章会更有生命力。

四、下水作文（3）

【作文题目】

阅读下面的材料，根据要求写作。（2024年高考新课标Ⅰ卷）

随着互联网的普及、人工智能的应用，越来越多的问题能很快得到答案。那么，我们的问题是否会越来越少？

以上材料引发了你怎样的联想和思考？请写一篇文章。

要求：选准角度，确定立意，明确文体，自拟标题；不要套作，不得抄袭；不得泄露个人信息；不少于800字。

【下水作文】

科技发展一定会稳定世界局势

互联网密切了人类往来也加剧了彼此摩擦，人工智能增强了人类的能力也助长了霸权者的野心。科技就是这样，它一边解决着人类的问题，一边又滋生着新的矛盾。从宏观来看，科技，尤其是世界反法西斯战争胜利后的科技，促进了人口数量的大幅增长，促进了人类寿命的大幅延长，促进了人类财富的大幅增加，促进了人类生产生活质量的大幅提升。放眼未来，统观全局，矛盾是前进中的矛盾，问题是前进中的问题，我们对人类智慧，对科技发展，对人类前景持乐观态度。

无可否认的是，百年未有之大变局中的世界是动荡不安的，前有俄乌战争，后有巴以冲突。习近平总书记早在2022年就指出："当今世界正经历百年未有之大变局，这样的大变局不是一时一事，一域一国之变，是世界之变，时代之变，历史之变。"

当今，全球科技发展被大国竞争裹挟，以美国为首的部分西方国家对自身科技创新成果严加保护，在特定技术和研究领域筑起高墙，肆意让中美科技"脱钩""断链"，干扰了正常的科技合作。

但这也是科技发展的必然结果，正是科技的发展，带来了新质生产力的竞争，出现了国家地区经济发展的不平衡，自然会影响政治、文化、军事等国家治理体系的稳定。当阶级还存在的情况下，国家就是不同阶级组成的利益集团，这个集团为了维护自身的利益，自然会强烈反对动了它奶酪的那一方，所以摩擦难免，冲突自然也就不会断。

只是让人忧心的是，作为当今世界最大生产力的核科技仍是潜在的威胁和毁灭性的凶险。它可以为航母带来动力，添一次核燃料足够航母续航20年；它也可以用于建造核电站，每年为人民生产生活提供数百万千瓦的电能。它曾被制作成原子弹"小男孩""胖子"让广岛长崎20多万人失去生命，使两座城市化为废墟；如今它已让武库达到了"顶配"，可以在数分钟内让这个繁华的世界毁灭。希腊神话预言了潘多拉盒子，当今科技已为人类制造了真实的撒旦。

目前，以美国为首的几十个北约国家联手，通过乌克兰打代理人战争，这场战争谁都输不起，谁也赢不起，只有和平谈判才能解决。而和平谈判的前提不是军事科技而是相互尊重、相互信任和真心诚意。拥有世界上最大核武库的俄罗斯一直是北约诸国最大的忌惮，他们人人自危，北约联合霸权的行径也让俄罗斯心存芥蒂，这种不信任埋下的祸根在国家地区不平衡发展的加持下自然会野蛮疯长。

但这是一场注定谁也输不起也赢不起的战争，唯有和谈才能解决国际争端，无论你多么强大，也无论你多么弱小，和平与发展才是世界的主题，公道和正义才是人间的真理。

纵观人类历史，任何一次战争都为争夺利益而起，或经济利益，或领土利益，或宗教利益，归根结底是经济利益。比如英国为争夺印度的贵重资源发动的印第安战争，英国为赚取非法出售鸦片的巨额利润对中国发动的鸦片战争，日本为了攫取工业化发展所需要的原材料对中国满洲发起的侵略，伊拉克为石油资源对科威特的悍然入侵……战争给双方都带来了极大的毁伤，最终都以侵略者的失败而告终。真正的利益应该通过发展自身科技、提高生产力来实现。如果人人都没有饥饿，就不可能发生抢夺粮食的战争，科技在粮食高产上取得的成就可能会消弭国家地区间因抢夺粮食而爆发的战争。如果没有能源危机，就不会发生能源战争，中东的战火可能从此熄灭，科技对新能源的研发成果在这方面肯定会作出巨大贡献。如果物资极大丰富，足以满足人类所有需要，人类就可能会放弃私有思想进入共产主义，那个时候，阶级不复存在，党派不复存在，国家也不复存在，战争更不复存在，人人把劳动当作生命的第一需要，从此再无纷争。当然，这极大丰富的物资是等不来的，是掠夺不来的，只有人类共同去创造，这种创造离不开科技的助力。

人类已经认识到和平与发展是当今世界的主题，在这个共识下，增进人类命运共同体意识，放下成见，齐心携力发展科技，大力提高现实生产力，最大限度地为这两大主题做出贡献才是当务之急。

科技偶尔会助纣为虐、兴风作浪，战争暂时不可避免，但我们坚信，真理永远掌握在世界人民的手中，人民缔造了这个世界，就绝不会让任何力量把它毁灭。科技是人民创造文明的工具，它会永远掌握在人民手中，只会强大我们人类而不会毁灭它！

思路解析

毋庸置疑，人类文明是前进的，这是必然，时不时遭受挫折甚至倒退也是正常的，这是偶然。"必然与偶然"是贯穿人类历史的一种逻辑。依据这种逻辑安排行文时，既可以写事件的必然现象并分析产生必然现象的必然原因，也可以写事件的偶然现象和产生这种偶然现象的偶然原因，还可以两者兼备。本文针对当下世界动荡的局势，结合科技在其中的作用，阐发"必然与偶然"的哲学思想，分析了科技在推动文明前进中的必然性和偶然性以及在催生矛盾、引发战争方面的必然性和偶然性。

思路拓展

依据这一思想，我们还可以选取其他领域的材料来写，比如在制造业领域，科技在提高产品质量、丰富产品种类、降低产品能耗方面有必然贡献，科技在帮助制假贩假售假、破坏诚信体系、影响营商环境方面偶然也会生出毒瘤。我们还可以从环保领域、运输领域、航天领域、文艺表演领域、教育教学领域等更多的领域选材行文。

第七章　主要与次要

一、哲学阐释

主要指的是事物的关键，是事物中居于支配地位，对事物的发展起决定性作用的方面。

次要则是指重要性较差，处于从属地位，对事物发展不起决定作用的方面。

主要与次要之间相互依存、相互影响。主要矛盾或矛盾的主要方面的解决规定着次要矛盾或矛盾的次要方面的解决，而次要矛盾或矛盾的次要方面的解决也影响着主要矛盾或矛盾的主要方面的解决。

在一定的条件下，主要与次要可以相互转化。这意味着，随着事物的发展，原本次要的因素可能变成主要的，反之亦然。

主要矛盾和次要矛盾、矛盾的主要方面和次要方面的原理，要求分析问题时，既要坚持"两点论"，又要坚持"重点论"，要求我们对待工作要统筹兼顾，突出重点。

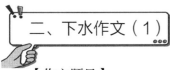

二、下水作文（1）

【作文题目】

阅读下面的材料，根据要求写作。（2023年新高考 I 卷）

好的故事，可以帮助我们更好地表达和沟通，可以触动心灵、启迪智慧；好的故事，可以改变一个人的命运，可以展现一个民族的形象……故事是有力量的。

以上材料引发了你怎样的联想和思考？请写一篇文章。

要求：选准角度，确定立意，明确文体，自拟标题；不要套作，不得抄袭；不得泄露个人信息；不少于 800 字。

【下水作文】

突出三个关键，让好的故事更加有益

好故事对人的有益影响如春风化雨，润物无声，我认为抓住三个关键环节，可以加强好故事的有益影响。

加强好故事的有益影响要从宣讲好故事开始。

中华民族不乏好的故事，报国的岳飞，忠于汉廷的苏武，英勇破虏的卫青、霍去病，不为权贵折腰的李白，忧国忧民的杜甫，科学攻关的毕昇，"臣心一片磁针石，不指南方不肯休"的文天祥，"我自横刀向天笑，去留肝胆两昆仑"的谭嗣同，"谁敢横刀立马，唯我彭大将军"的彭德怀，他们都是好故事的主人公。暗淡了刀光剑影，远去了鼓角铮鸣，时光流逝，舞榭歌台今不在，风流余韵仍长存。宣讲好这些忠君、爱国、孝老、爱亲、科研攻关、保家卫国的好故事，既要靠课堂的宣讲，还要靠家庭的宣讲、社会的宣讲，如果只让这些停留在学生课本里、老师课堂上，离开课堂后，耳闻的是商业大佬的风云，目睹的是权力下的蝇营狗苟，道听途说的是升官发财的秘笈，和英雄流血又流泪、善者行善反被欺的逸闻，那么就会严重阻碍好故事的影响力量。

据报载，有许多地方已经将火车站、汽车站、商场等公共场所的明星照片撤下，挂上了抗日战争、解放战争、抗美援朝战争、抗洪抗疫斗争中的英模照片，这就非常好。郁达夫在纪念鲁迅大会上说："一个没有英雄的民族是不幸的，一个有英雄却不知敬重爱惜的民族是不可救药的。"

我们必须要大力宣讲中华好故事，必须大力宣讲过去和当前各条战线上的行业精英、劳动楷模，让他们的事迹和精神深入人心。

宣讲好故事的效果要以践行好故事的精神作为标准。

好故事犹如一面面猎猎飘扬的旗帜，好故事又如一座座耀眼的灯塔，好故事还像一方方正面、正心、正思想的镜子。旗帜树了，灯塔立了，镜子摆了，但没有追随者，没有奋进者，没有冲锋者，那等于没效果。好的故事不能只是热三天的书面报道，也不能只是躺在文件夹里的红头文件，封在档案柜里的材料汇编，立在书架上的报告文学，要让好故事中的好精神、好思想、好方法运用到实践中去。欧阳修能与民同乐，我们的官员们能不能与群众打成一片？李大钊为了信仰视死如归，我们的党员们能不能抵挡住糖衣炮弹、权钱声色？于敏能隐姓埋名几十载，我们当下的专家、学者、教授们能不能甘坐板凳几十年？

俗话说，说着容易做着难，农村还有一句俗话叫作"站着说话不腰疼"，这些话表达一个共同意思：人们常常是"语言的巨人，行动的矮子"。我们要把好故事中的先进思想、高尚情操、有效做法化到具体行动中去，不能让它们"口头上坐着八抬大轿，实际上守着冷宫"。

当前，有许多地方做得很好，地方政府、相关部门不仅评选了企业精英、为官楷模、销售天才，还评选了孝亲模范、志愿标兵、模范夫妇、科技拔尖、合作样板等。各级官员要少说多做，不喝大酒，不吃大餐，不搭官车，不计名利，田间地头去走一走，脚上沾沾泥土，耳朵听听民声；工矿车间去看一看，不打招呼，不搞迎送，去看一看流大汗的工人弟兄，去感受一下大分贝的机器轰鸣，去尝一尝职工食堂的饭菜，去握一握操作扳手、钳子的油污大手。还要到学校、医院去走一走，看一看，有多少偏颇的教育理念，有多少不必要的课业负担，有多少不该开展的医疗项目，有多少天价的费用清单。行动，也只有行动才能检验是不是真抓实干了，也只有从行动中才能看得出是不是与群众血肉相连了，是不是把民心捂暖了。

践行好故事的更大价值在于改革创新谱新篇。

宣讲好故事、践行好故事，让好故事的星火成就燎原之势还不是工作的终点。创新好故事，为好故事注入时代的内涵，才能让好故事永葆生机，长久发力。世界在发展，人类在前进，没有亘古不变的产业，没有一劳永逸的妙招，与时俱进才能推动文明的发展，促进人类的进步。

苦干是可贵的精神，一代代苦干的好故事经久流传，如果在苦干之中加入巧干，加入弯道超车，加入前瞻眼光、全局把握，岂不是更好？愚公移山是好故事，林县人民凿山修渠也是好故事，我国研制的盾构机一天能掘进40米，就为愚公移山精神、红旗渠精神注入了科技攻关的全新内涵。比如，内燃机汽车技术我们并不先进，但我们另辟蹊径，在新能源汽车研发制造上弯道超越，举世震惊。再比如，零和博弈思维难免使大国竞争陷入修昔底德陷阱，而人类命运共同体思想一定能为全人类带来福祉。这些都是富于创新的好故事，要宣讲好、践行好它们的精神。

好的故事是做出来的，好的精神是传承开来的，让我们充分发掘中华好故事的优秀内涵，将好故事宣讲好，践行好，创新好，那么，我们的个人就是优秀的个人，我们的集体就是先进的集体，我们的国家就是进步的国家，我们的民族就是文明的民族，我们的人类就是兴旺发达、万世不竭的人类。

思路解析

本文从"如何加强好故事的有益影响"角度立意，强调了要达到这个目的的三个关键环节，即"宣讲好""践行好""创新好"，"宣讲"是基础前提，"践行"是基本要求，"创新"是发展需要。这三个方面是做好一件事的重要环节，加强好故事的有益影响也不例外。

上文是从"如何加强好故事的有益影响"角度立意的，是自创立意。我们还可以针对作文材料中给定的其他角度立意，比如好故事"在帮助人们更好地表达和沟通"方面的主要做法和次要做法，再比如，好故事"在展现民族形象"方面需要展现的主要形象是什么，次要形象是什么等等，这些都运用了主要与次要的思维。

三、下水作文（2）

【作文题目】

阅读下面的材料，根据要求写作。（2023 年新高考 I 卷）

好的故事，可以帮助我们更好地表达和沟通，可以触动心灵、启迪智慧；好的故事，可以改变一个人的命运，可以展现一个民族的形象……故事是有力量的。

以上材料引发了你怎样的联想和思考？请写一篇文章。

要求：选准角度，确定立意，明确文体，自拟标题；不要套作，不得抄袭；不得泄露个人信息；不少于 800 字。

【下水作文】

好故事的内涵宜具有高度针对性

什么是好故事？我认为一切体现真善美的故事都可以称为好故事。

这是泛化的结论，具体到不同时代、不同地域、不同对象，好故事的内涵又是有差异的。比如父母与子女之间的好故事应该是父严母慈儿女孝敬，而"丁是丁、卯是卯"的认真精神在父母与子女的关系上就称不上"好"。在我们国家父严、母慈、子女孝敬的"好"，在一些所谓"人人生来自由，个个地位平等"的国度里就不被待见。所以说，好故事的内涵也是有针对性的。

个人与个人之间的好故事往往表现为志趣相投。

比如钟子期与鲍叔牙，钟子期只是一介樵夫，鲍叔牙却是一位技艺高超的琴师，但鲍叔牙弹了一曲，钟子期却能听出"巍巍乎志在高山"，鲍叔牙换了一曲，钟子期又听出"洋洋乎志在流水"。正是志趣相投才使两人不计身份，互为知音，以至于钟子期去世后，鲍叔牙摔碎瑶琴，终生不再抚琴。廉颇和蔺相如的故事也是这样，一个文臣，一个武将，一个出身门客，一个国之宿将，一个谦虚低调外柔内刚，一个狂妄暴躁宁折不弯。两人为何会成为生死之交呢？因为蔺相如"先国家而后私仇"的胸襟与廉颇是相通的，这就是志趣相投。当然，相投的志趣一定要符合国家民族的共同利益，如果像胡亥与赵高、蔡京与高俅、杨国忠与李林甫、汪精卫与陈公博、蔡英文与赖清德那样，再怎么相投的志趣也产生不了好故事，那叫沆瀣一气、狼狈为奸，那样的人都是人民的罪人、民族的败类。

集体与集体之间的好故事表现在友好合作、公平竞争。

无论是三五个人的小团体，还是百千人的大单位，抑或上万人的巨无霸企业，甚至是百万量级员工的跨国公司，从地球家园角度来看，这些人都属于人类。我们人类活动的终极意义是维护与发展人类的文明。权钱乃身外之物，充其量是个标签，我们每个人每个集体的努力说到底都是在给整个人类做贡献，所以，集体与集体之间要合作，要公平竞争。同是通讯企业，A需要B的显示屏，B需要C的主板，C需要A的网络，合作则共赢，斗争则两伤。

当然，公平合理的竞争是不可或缺的，它对于生产者来说可以提高其对人才的重视，可以刺激其创新发展，可以给消费者提供更优质的产品、更优质的服务。这些都是有利于人类文明的事情。但是，如果不是公平、合理的竞争，我撕毁给你供货的合同，你打压我的销售市场，今天你黑我一嘴，明天我踹你一脚，这样互挖墙脚，看不得别人比自己好，又怎么能共同促进人类文明的发展呢？正所谓：吹灭别人的灯，并不会让自己更加光明。

中国有很多企业做得就很好，你做汽车，我做汽车玻璃；你做互联网，我做手机；你做餐饮，我做粮食深加工……而某些大学做得不够好，一看你大而全，我则更大更全，弄得师范学校不是师范专业强，石油大学不是石油专业棒，这样的竞争就是"卷"和"耗"了。

国家与国家之间的好故事表现在和平共处，命运与共。

21世纪是数字化、信息化、科学化高度发达的世纪。整个人类，不论国别、肤色、语言、文化都被紧密地联系在了一起，地球真的成了一个村庄。随着经济的交流、民族的交往、文化的交融，不同国度的人们有许多已经从过去的朋友关系、同学关系、同事关系变为亲缘关系。21世纪的今天，如果再以种族歧视、种族隔离、种族压迫，甚至种族灭绝来求一己之私利，那就是明目张胆地倒行逆施，那就是赤裸裸地开历史倒车。

20世纪50年代，我们伟大的周恩来总理在亚非万隆会议上旗帜鲜明地提出了中国政府的主张：互相尊重主权和领土完整，互不侵犯，互不干涉内政，平等互利，和平共处。这五个原则迅速得到了世界上绝大多数国家的赞同和热烈响应，成为处理不同国家、不同地区、不同政治制度关系的基本原则。为什么？因为"一战""二战"的炮声宛若在耳，"一战""二战"的灾难历历在目，"一战""二战"罹难者的尸骨未寒。世界在反思中度过了一段和平发展期，美苏冷战是零和博弈的结果，随着苏联的解体，冷战结束，以美国为首的北约却不停地发动局部热战。战争让无数小国饱受血与火的浩劫，使无数生命离开人世，使生灵涂炭、生态破坏。自20世纪六七十年代至今，半个世纪过去了，无视主权、挑拨战争、鲸吞蚕食的鬼火不灭，称王称霸的死灰复燃，严重破坏了世界和平。

我国提出的人类命运共同体理念和践行的"一带一路"倡议是解决当前国与国矛盾的最好准则，一定会谱写出人世间最美的故事。

我希望人与人之间志趣相投、心手相携，我希望集体与集体之间公平竞争、合作共赢，我更希望国家与国家之间命运与共，携手共襄人类盛世。

思路解析

　　本文以"不同的好故事有不同的内涵"为中心论点，从"个人与个人之间的好故事""集体与集体之间的好故事""国家与国家之间的好故事"三个角度进行阐释。这三种好故事的每一种都有丰富的内涵，本文抓住关键，依次突出了"志趣相投""友好合作、公平竞争""和平共处、命运与共"等主要内涵，层次分明、重点突出。

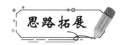

思路拓展

　　任何事情都包含主要和次要因素，抓住关键是处理事务的重要方法。上文是从好故事的主要内涵方面下笔，我们还可以从"如何创作当代好故事"的角度，"如何让勤政爱民的传统好故事与当下建设社会主义新农村相结合"的角度，"如何用韩愈《师说》故事指导当前高中生学习"的角度立意，写作角度多种多样。角度越小、越贴近实际生活越好写，写出来的文章也就越独特。

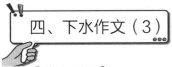

四、下水作文（3）

【作文题目】

阅读下面的材料，根据要求写作。（2024 年高考新课标 I 卷）

随着互联网的普及、人工智能的应用，越来越多的问题能很快得到答案。那么，我们的问题是否会越来越少？

以上材料引发了你怎样的联想和思考？请写一篇文章。

要求：选准角度，确定立意，明确文体，自拟标题；不要套作，不得抄袭；不得泄露个人信息；不少于 800 字。

【下水作文】

科技发展要有主导

互联网联通你我，联通各地，联通蔚蓝星球与浩瀚太空，人们再也不必为两地相隔、音讯难觅而发愁，哪怕相距万里、远隔海天，它都能帮助人们即时沟通。人工智能增加了人的智慧，提高了人的能力，那些单调烦琐的工作交给了机器臂，那些又脏又累又危险的工作安排给了机器人。

互联网、人工智能神通广大，仿佛无所不能，我们一定要把控好它们的使用，在方向、方法和方略上有正确的主导。

科技要把握为人类创造价值的方向，而不能走收割人类财富的邪路。

科技可以在无数领域创造价值，对于当下社会发展来说，首先要聚焦制造业。人类只有在生产劳动中才能创造价值，创造财富，满足人类需要，促进人类发展。制造业是为人类提供生产生活资料的产业，制造出的衣帽鞋袜为人御寒，制造出的食品医药保障生存，制造出的车子轮船助人远行，制造出的机械设备提高效率。显而易见，有了铁铲就比手挖石斧刨工作效率高，有了电子计算机就比扣算盘珠子来得快，有了机械臂就比手工精度高，科技在制造业上发力，就会有新材料产生、新技术应用、新产品生产，能让人类劳动迸发出神奇的力量，创造出无穷的财富。其次，科技研究应聚焦于基础研究①。万丈高楼平地起，基础研究周期长、见效慢，但它往往能带来颠覆性的成果，使生产力发生革命性的变化。正是基础研究方面量的积累才有了高端科技质的飞跃。人类从自然界蜻蜓的飞行中顿悟了飞行的原理，飞机诞生了；人类从蝙蝠的飞行中探寻出了超声波的奥妙，雷达诞生了。屠呦呦从一把青蒿中萃取出治疟新药，欧阳自远院士从链球运动中找到了我国探月工程"绕、落、回"三步走的精准路子。基础研究往往能在提高人们认识世界和改造世界的能力方面实现重大突破，对社会进步产生深刻的影响，给人类创造不可估量的价值。

当下，还有一些科技成果没有落实在为人类创造价值上，有的还是为了收割人间财富。比如一些 APP，以流量博取财富，以倾销扰乱市场，以虚拟取代实体，其间有财富生成，但不是价值的增值，而是"亏众不亏一"的价值转场，有"四两拨千斤"的敛财之能，却没有"四两拨千斤"的致富之效。

科技用于解决问题的基本方法是原创而非模仿。

"创新是一个民族进步的灵魂，是国家兴旺发达的不竭动力。"坚持原创是对科学和科技工作者的尊敬，也是自尊自信自强的表现。俗话说：吃别人嚼过的馒头寡味，走别人走过的老路没趣。正是因为原创，我们中华民族创造了独领风骚的中华文明，印度诞生了闪光的佛教文化，阿拉伯地区有了神圣的伊斯兰教，古希腊有了经典的哲学，人类文明才呈现出百花齐放的繁荣。

如果我今天制造出新款大阳，你明天仿造出一款太阳；我今天研发出沙宜，你明天仿制出沙宜；我这里推出一款老康，你那里仿作出一款老唐。似这样百般效颦，万般学步，科技如何发展？财富如何创造？文明如何推进？

你有你的兰州拉面，我有我的吉林冷面；你有你的陕西油泼面，我有我的武汉热干面；你有你的新野板面，我有我的方城烩面。各美其美，各尽其美，方为臻品。科技也是这样，你用改良盐碱地适应水稻，我研发海水稻适应盐碱；你那里内燃机遥遥领先，我这里新能源一骑绝尘；你把资本主义搞得扎扎实实，我把社会主义经营得风风火火。原创是科技发展的根本大法，只有原创的才是独特的、出彩的、富有价值和生命力的，东施效颦，邯郸学步，只增笑柄。

未来科技发展的方略是保和平、促发展而非打压对手、肆意垄断。

人类发展还很不均衡，发达国家与发展中国家的差距还非常大，同一国家或地区内部也有许多贫富差距、阶层固化、文明停滞甚至倒退的现象。全世界 70 多亿人口中还有相当一部分人在饱受战乱之苦，在为果腹蔽体奔波，在为朝不保夕担忧。发达者的垄断，霸权者的疯行，侵略者的屠戮，核乌云的笼罩，文明倡导者与文明破坏者并存，百年变局者与百年搅局者齐至。不同国家、不同民族、不同地区、不同联合体的人们，都应该看清人类命运与共的必然趋势，坚守和平与发展的永恒主题，凝神聚力，投入造福全人类的事业上来，将科技研究从军备竞赛中挣脱出来，转到发展生产上来；把科技研究从垄断封锁中解脱出来，投入改革开放中去。没有侵略就引不起恐慌，没有霸权就引不起公愤。如果只是自卫，双拳亦可抵四手，又何需飞机大炮核武器？做贼者心自虚，色厉者定内荏，纵使他将武器武装到牙齿，只要是用来侵略，失败的注定是他自己，因为正义是灭鬼之火，公理是镇邪之剑。杀人不眨眼的德国纳粹，不可一世的日本右翼，耀武扬威的鹰首狼狈不都被人民的猎枪击退了吗？

我们要把握科技为人类创造价值的方向，服务民生，为人类的衣食住行、教育医疗保驾护航，为人类发展添砖加瓦。我们要让科技用原创的方法，体现对科学的敬畏，体现对自我的尊重。我们要把科技成果用于合作共享，齐心携手让我们头顶的天更蓝，原上的草更绿，山间的水更清，明天的生活更美。人类是宇宙间最智慧的生命，如果不是自毁，任何力量都毁灭不了我们！

本文从"方向、方法、方略"三个角度阐述科技发展问题，运用"主要与次要"的思维，指出科技的正确方向是为人类创造价值而不是收割财富，科技研究的基本方法是原创而不是模仿，科技发展的根本方略是保和平、促发展而非打压对手、肆意垄断。

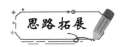

以上选材着眼于整体，我们写作时还可以从局部入手，比如谈中国抗疫斗争的主要任务次要任务、主要方法次要方法，中国探月工程的主要目的次要目的，中国援非科技的主要方面次要方面，中国科技发展的主要成就次要成就，等等。我们还可以从更小处、更细处入手，阐释某项科技成就的主要特点和次要特点，比如烹饪一道菜肴时的配料、工序、火候等各环节的主要方面与次要方面等。

注：

①什么是基础研究

基础研究一般指基础科学研究，是认识自然现象、揭示自然规律，获取新知识、新原理、新方法的研究活动。可以分为纯基础研究和定向基础研究。

基础研究一般由科学家承担，他们在确定研究专题以及安排工作上有很大程度的自由。它没有任何特定的应用或使用目的，在进行研究时对其成果看不出、说不清有什么用处，或者虽肯定会有用途但并不确知达到应用目的的技术途径和方法。研究成果通常具有一般的或普遍的正确性，成果常表现为一般的原则、理论或规律并以论文的形式在科学期刊上发表或学术会议上交流。

基础研究成果具有超前性，基础研究的重大突破对提高人们认识世界和改造世界的能力，对高新技术产业的形成、经济发展与社会进步，乃至人们的生活方式，都将产生深刻的影响和引领作用。

20世纪初爱因斯坦等所做的"基础研究"推动了20世纪科学技术的突飞猛进。加强基础研究是提高我国原始性创新能力、积累智力资本的重要途径，是跻身世界科技强国的必要条件，是建设创新型国家的根本动力和源泉。

我们要完善学科布局，培育和支持新兴交叉学科，在若干科学前沿领域实现重点突破，解决一批国家经济社会发展中的关键科学问题；要建设一支高水平的基础研究队伍，为建设创新型国家和跻身世界科学强国奠定坚实的基础。

（摘编自"百度百科"）

第八章　相对与绝对

一、哲学阐释

相对，是指有条件的、暂时的、有限的。

绝对，是指无条件的、永恒的、无限的。

马克思主义哲学认为，世界上一切事物既包含有相对的方面，又包含有绝对的方面，任何事物都既是绝对的，又是相对的。宇宙中的各个具体事物和每个具体过程都是有条件的、有限的、相对的，而整个宇宙的存在和发展又是无条件的、无限的、绝对的。

绝对和相对的关系，是辩证统一的关系。绝对和相对既互相区别又互相联系。没有绝对，就没有相对，没有相对，也就无所谓绝对。绝对存在于相对之中，并通过无数相对体现出来；在相对中有绝对，离开绝对的相对也是没有的。例如，整个世界的运动是绝对的、无条件的、永恒的，而每一具体运动形式又是有条件的、暂时的、相对的。无条件的、绝对的运动存在于有条件的、相对的、各个特殊的运动形式之中。每一运动形式和每一发展过程，都是绝对运动着的宇宙的不同方面、部分和阶段。

说话写文章时常常会用到表示绝对概念的词语，如"总是""决不""都是"等，这种表达往往是不严谨的，为了使表达合理、正确，我们可以用表示相对概念的词语来设定语境，如"通常""一般来说""在多数情况下""在一定条件下""在相关范围内"等，这是绝对和相对辩证统一的表现。

二、下水作文（1）

【作文题目】

阅读下面的材料，根据要求写作。（2023 年新高考 I 卷）

好的故事，可以帮助我们更好地表达和沟通，可以触动心灵、启迪智慧；好的故事，可以改变一个人的命运，可以展现一个民族的形象……故事是有力量的。

以上材料引发了你怎样的联想和思考？请写一篇文章。

要求：选准角度，确定立意，明确文体，自拟标题；不要套作，不得抄袭；不得泄露个人信息；不少于800字。

【下水作文】

"三观"不正　好事难行

农村有一句土话叫作"好心当成驴肝肺"，意思是当事人操的是好心，但对方不领情，结果出力不讨好，操了好心，却受了奚落，甚至挨了骂，落个猪八戒照镜子——里外不是人。我们很容易看出来，这是对方"三观"不正造成的恶果。

人世间的好故事数不胜数，但不是每一则都能被不同国家、民族或地区的人们接受，这要看他们有没有共同的世界观。

由于坚信并发展了哥白尼的"日心说"，意大利思想家、自然科学家布鲁诺被宗教裁判所视为"异端"烧死在罗马鲜花广场，因为当时统治人思想的是封建神学，他们的世界观不同。由于坚持唯物主义和共产主义理想，马克思被反动统治者到处通缉、迫害，以至于这位伟人、无产阶级革命的伟大导师一生都居无定所，在颠沛流离中度过，因为当时德国被帝国主义和法西斯势力管控，他们的世界观也不同。新中国成立之前，因为坚持人民民主专政制度，中国共产党党员受尽了国民党反动派的残酷迫害，到处被围剿、暗杀、屠戮，因为前者让人民当家作主，后者以剥削人民、压迫人民为能事，他们的世界观更不同。真理在渴望追求真理者那里是晨曦，是朝阳，是不落的太阳；而在邪恶者那里却是他们的眼中刺、肉中钉、心头刀。

生活中充满了真善美的好故事，但它们也不一定能触动所有人的心灵，甚至非但不能淘洗他们心中的汰渍，反而会让他们心底泛起腥臭的沉渣，因为这些人的人生观是错误的。

曾几何时，"好人"成了贬义词；曾几何时"领导"被"老板""经理""头儿"置换，同志被"小王""老张""新兵蛋子"取代；曾几何时，"笑贫不笑娼"大行其道，"识时务者为俊杰"被奉为箴言；曾几何时，才学退场，品德闭户，"官""富""颜值"成了通行证。这是对正确人生观的扭曲，是对传统道德的反叛，是对人类优秀文明的践踏。

在这丑陋的人生观主宰下，那些埋头苦干的人常被称作傻子，那些拼命硬干的人常被视作楞子，那些高瞻远瞩的人常被看作疯子，所以英雄宅前门可罗雀，戏子门庭车水马龙。放眼望去搔首弄姿者霸屏，苍颜颓发者尘封；投机钻营者呼风唤雨，埋头实干者不见天日；个人以敛财鬻爵为荣，单位以急功近利为能。这些乱象将社会弄得乌烟瘴气，将人间搅得鸡犬不宁，教训何其深刻！

好的励志故事也不一定能改变所有人的命运，对失去了正确价值观的人，"拔一毛而利天下"的事对他们来讲也像剥皮、抽筋、放血一样痛。

雷锋出趟差能把好事做满一火车，有的人出个门却能把麻烦制造一条街：闯红灯，乱停车，颐指气使官位十足，吃拿卡要饕餮无度。焦裕禄为改变兰考盐碱、风沙、内涝的问题，身先士卒、鞠躬尽瘁，美名留千古；有的人为官一任，不爱政，不勤政，反而懒政、乱政，对上虚与委蛇，对下鱼肉百姓，不求为民造福，只为顶戴花翎。

林县县委书记杨贵，带领十万人民，十年如一日，风餐露宿，谱写了逢山开路、遇水架桥的利民凯歌。四川省喜德县民政局某干部把扶贫当跳板，先后 6 次将高海拔农牧民特困生活救助资金骗进私囊。两相对比，价值高下，昭然若揭。

希望我们中华儿女，谨记自己是炎黄子孙，要传承发扬中华优秀传统，结合当下和平与发展的国际大势，以人民福祉为心中理想，以人类命运为终极关怀，倡导真善美，摒弃假恶丑，以正确的世界观、人生观、价值观主导自己的思想和行动，以真抓实干的切实业绩去专注当下、烛照未来。

思路解析

本文运用"相对与绝对"的思维方式，分析好故事的价值不被肯定的原因，从"世界观""人生观""价值观"三方面展开论述，对比论证，观点鲜明。

思路拓展

按照"相对与绝对"的思路，我们还可以从身边找素材，立角度，写文章。比如选取父母爱子女的好故事，从绝对角度肯定父母无私培育下一代的价值，再从相对角度剖析这其间可能存在的溺爱风险。再比如阐述助人为乐中的量力而行，开发资源时的适可而止，科学研究中的把握边界，创造价值时的正确方向等。生活中有许多为人称道的好故事，我们都可以拿来放在"相对与绝对"的天平上称一称它们的分量，以留住精华、剔除糟粕。

三、下水作文（2）

【作文题目】

阅读下面的材料，根据要求写作。（2023年新高考I卷）

好的故事，可以帮助我们更好地表达和沟通，可以触动心灵、启迪智慧；好的故事，可以改变一个人的命运，可以展现一个民族的形象……故事是有力量的。

以上材料引发了你怎样的联想和思考？请写一篇文章。

要求：选准角度，确定立意，明确文体，自拟标题；不要套作，不得抄袭；不得泄露个人信息；不少于800字。

【下水作文】

好故事中的"好"也是相对的

有句哲语叫作：世上没有完全相同的两片叶子①。还有一句叫作：人不能同时踏入一条河流②。这两句话都形象地说明了"绝对"与"相对"的道理。无论外形多么相似的两片叶子，也会有大小、色泽、纹理甚至细胞多少的不同，河流也是这样。孔子说：逝者如斯夫，不舍昼夜。河水在流动，即使站在这条河中的人没有移动，但这会儿的河水已经不是刚才的河水了。

我认为，好故事中的"好"也是这样，站在不同维度、不同角度去看同一个好故事，认识也会不同，甚至那"好"中也会有"歹"的成分。

"金无足赤，人无完人。"好故事主人公的品格也可能不会尽善尽美，要看他性格的主要方面，辩证学习、吸收。

就拿家喻户晓的长诗《孔雀东南飞》来说吧，诗中焦仲卿与刘兰芝忠贞不渝的爱情是故事的主体，这首诗表现的主人公的主要品格就是对爱情的忠贞，至于焦仲卿在那个时代对母亲的训诫言听计从的表现，作为儿子来说，也是孝顺的美德，但我们不认为这"好"，因为，用现代观念来看，那是封建思想中的糟粕。至于焦仲卿在困难来临时，为了维护母亲尊严唯唯诺诺不敢大胆保护妻子，甚至懦弱得"自挂东南枝"就更不能称为"好"了，那是典型的封建流毒。刘兰芝也是这样，她能忍辱含垢任由婆母刁难，在当时也为为人媳的一种美德，但现在看来却是封建的糟粕，至于后来她表面应婚，内心决意自绝以保贞节的行为我们更是强烈反对。"孔雀东南飞"被誉为东方的罗密欧与朱丽叶，其实莎士比亚笔下的罗密欧与朱丽叶的故事要比汉乐府中焦刘的故事晚上千年，是不是莎士比亚临摹了中国古诗的立意尚不可知，但这两个故事产生的背景大致相似，也都是在封建专制时代，所以他们的性格中不能不打上时代的烙印，作为当前的读者来说，我们学习吸收的当然是他们品格中主要的、能流传千古而永具价值的精神，那就是忠贞的爱情，至于他们怯懦、忍让、自绝的行为，我们现在自然不会学习也不会诟病。同样，我们也不会嘲笑岳飞的愚忠，也不会为受腐刑的司马迁感到耻辱，也不会指责孝养祖母的李密固守清高，更不会将从容就义的谭嗣同当作不懂权变，将破帽遮颜过闹市的周树人视为没有傲骨。

"是非成败转头空，青山依旧在，几度夕阳红。"对待好故事的情节要以历史的眼光观察其时代价值。不能断章取义恣意放大或歪曲，以免导致"一叶障目，不见泰山"的错误。

《三国演义》中关羽一直是个正面形象，他被后人称为"义圣"，重情重义为朋友两肋插刀，受人点滴之恩就以涌泉相报，以至于拿军国大事徇了私情，华容道放走了对手曹操，使蜀军将士抛头颅、洒热血换来的良好战机毁于一旦。诸葛亮要立斩关羽也正是因为这个。有句话说：对敌人的仁慈就是对友人的无情。从这个角度来看，关羽之义并不是民族大义，他只是江湖义气、哥儿们私情，他纵然有过五关斩六将的杀敌本领也难堪军国大任。而诸葛亮就不同了，有人认为诸葛亮有点愚忠，鞠躬尽瘁辅佐的却是一个痴才刘禅，他完全可以遵先帝遗诏，取而代之，这样，说不定是蜀汉之幸。这种观点，我想，绝大多数人都不会赞同。我们要站在诸葛亮的角度来看待这件事，回到那个时代去考虑他的所作所为。对接受正统儒家思想教育的诸葛亮来说，篡位是十恶不赦之首，况且自己讨伐曹操时都是以汉帝之名，怎么能够以讨贼之名行做贼之实呢？所以，从主体情节上来看，诸葛亮以兴复汉室为己任，不但是出于对刘备的报恩，更是对封建时代忠君、爱国、保民等正统思想的捍卫。

好故事中的思想也要辩证看待，要观大局、识大体、看主流，这样才能增智慧、长才干。

比如水浒故事中的梁山好汉，可谓个个都是英雄，鲁提辖不顾自己朝廷命官的身份，看到金翠莲父女被欺，三下五除二打死了地痞恶霸镇关西。李逵一听说宋江欺负弱女子，就手挥板斧将梁山大旗放倒。武松嫉恶如仇，狮子楼斗杀西门庆，一刀斩断奸夫的头。宋江窥出阎婆惜对自己的背叛，就手刃了这个负心女。这些人快意恩仇，他们的故事读来让人痛快。但细思静想，一个国家，一个社会，如果处处逞快意恩仇，岂不是人人自危，民不聊生？所以，从主流思想来看，他们充其量是草莽英雄、绿林好汉，他们缺乏正确思想的引领，难以成大器，难以堪大任。就算是总头领宋江，最后也被朝廷招安，还带着他那帮死心塌地的兄弟赴了死地，岂不痛哉？根本原因在于宋江骨子里慕着荣华富贵，他虽然不是出于一己私利，打心底里他还是想为众弟兄求个光宗耀祖的名号，但他认识不到朝廷是腐朽的，根是坏死的，附在这样的大树上，与之同朽也就是自然之理了。所以，从《水浒传》的好故事中我们得到的"好"不仅仅是一群人的"义"，还让我们明白了小农意识的局限性和危害性，警醒人们勿蹈旧时代中国农民起义的覆辙。

鲁迅先生说："同是一部《红楼梦》，单是命意，就因读者的眼光而有种种，经学家看见《易》，道学家看见淫，才子看见缠绵，革命家看见排满，流言家看见宫闱秘事。"先生的话确实是真理：我国古典文学四大名著在封建时代被列为禁书，正是由于我们用唯物主义辩证法思想去研究它们，才发掘出了它们在当代的价值，才让它们重见天日。

好故事中的"好"是相对的，如何真正领略好故事的最大价值，学以致用，我想，还是鲁迅先生那句话说得好：我们要运用脑髓、放出眼光、自己来拿。

注：①德国哲学家莱布尼茨说："世界上没有完全相同的两片树叶。"

②古希腊哲学家赫拉克利特曾经说过："人不能两次踏进同一条河流。"他的学生克拉底鲁则干脆说："人一次也不能踏进同一条河流。"

思路解析

本文用"相对与绝对"的思维结构全篇，通过分析三则故事来讲明故事中的精华与糟粕。三个故事是三个角度，依次是"看主要性格""用历史眼光""立足全局"，每个角度都涉及了"相对与绝对"两个侧面，对比鲜明。

思路拓展

任何事物都有相对和绝对两面，我们还可以选取另外的素材，运用"相对与绝对"的思维，从另外的角度写文章。当然，所选的素材一定是大多数人认为的好故事，比如霸王别姬的故事，通过直播带货致富的故事，淄博烧烤走红的故事，开封王婆说媒的故事。针对这些好故事，站在不同的立场、不同的角度，阐述它们的积极价值，指出它们的不足，体现相对与绝对的思维，都能写出符合要求的文章。

四、下水作文（3）

【作文题目】

阅读下面的材料，根据要求写作。（2024年高考新课标Ⅰ卷）

随着互联网的普及、人工智能的应用，越来越多的问题能很快得到答案。那么，我们的问题是否会越来越少？

以上材料引发了你怎样的联想和思考？请写一篇文章。

要求：选准角度，确定立意，明确文体，自拟标题；不要套作，不得抄袭；不得泄露个人信息；不少于800字。

【下水作文】

科技有力也有限

当今，以互联网和人工智能为代表的科技确实解决了人类生活中的无数问题，工作可以网上传文件，学习可以网上查资料，生活可以网上购物，还可以网上交友、网上娱乐、网上购票，更有人机对话、自动驾驶、脑机接口、AI控制、ChatGPT聊天、机器人作诗、仿真人干家政。科技像空气一样无处不在，甚至显出俘虏人类之势，但无论科技如何强大，我认为对于人类需求和发展来说，它仍然能力有限。

科技帮助人类解决了无数问题，但它不一定能解决人际矛盾。

20世纪50年代至80年代，美苏两大阵营开展了长达30年的冷战。两国大搞军备竞赛，武库装备与日俱增，核弹数量一再攀升，一方造7000枚核弹，另一方要造10,000枚。一方造出"银河"战略运输机，起飞重量接近400吨，另一方造出"哥萨克"运输机，运力直超600吨。当一方将导弹发射架布置在陆地、大海时，一方已将发射架安置在海陆空，形成三位一体的打击力。一方宇航员飞入太空，是人类首次；一方宇航员登上月球，属人类第一。两国军备竞赛促进了科技的飞速发展，带动了多个领域的科技腾飞。但腾飞的科技并没有解决两国的根本矛盾，反而使周边国家和地区高度恐慌，他们纷纷寻找、依附各自的"大哥"，形成了北约、华约两大集团，第三次世界大战多次出现箭在弦上、一触即发的危险局面，他们扬言的几分钟即可毁灭世界绝不是危言耸听。无底线的军备竞赛，彻底拖垮了两国的经济，人民生活质量明显下降。1991年，随着美国和平演变阴谋的得逞，东欧剧变、苏联解体，冷战最终以社会主义联合阵营的瓦解而告终，但即便如此，仍然没有解决资本主义国家与社会主义国家间的深层矛盾，强大的科技在面对人类意识形态矛盾时束手无策。

放眼当下，科技能快速育肥鸡鸭鹅猪，但肉类的品质却难得保障；科技能杀虫除草提高农作物产量，但农药化肥的危害却难以根除；科技让沟通方便了，但亲情寡淡了；科技使相见容易了，但相思乏味了。科技在解决许多问题上是超能的，但不是万能的，它消解着物质生产的问题，却浓缩着意识形态的矛盾。

人类可以没有科技，但科技永远离不开人类。

如果没有科技，人类依然可以渴了喝自然水，饿了吃自然果，继续生存；如果没有科技，人类依然可以冷了阳光下取暖，热了可以在河水里冲凉；如果没有科技，人类依然可以靠双腿抵达千里之外，靠双眼巡看天河，靠大脑遥想宇宙，靠两耳听天籁之音。但科技离不开人类，科技得靠人脑去孕育，科技得靠人手去诞生。

科技可以辅助人类日行万里、夜走八百，科技可以辅助人类九天揽月、五洋捉鳖，科技可以辅助人类回首千古、展望未来，科技可以辅助人类透视地球、做客宇宙，但这些功能必须通过人类操作去实现，离开了人类，它就成了破铜碎铁、一堆烂泥。伦理的坚守，情感的维护，命运的休戚与共，文明的和谐共建更需要人类去掌控。如果任由科技发展，甚至恣意泛滥，那么可能会出现试管婴儿随处跑、克隆山羊满山冈的可怕现象。可能再也没有围炉夜话，只有机器人的狂欢；再也没有多彩的对话，只有独守的寂寞。地崩山摧时，再没有互帮互助；翻江倒海时，再没有济世方舟。科技被人伦掌控，它就是天使；科技被野蛮操纵，它就是魔鬼。

科技可能会改造自然，但最终要皈依自然。

科技在人类适应自然、改造自然中诞生，最终也必然在改造自然、适应自然中皈依。

为了取暖，人类钻木取火，改造了自然；为了果腹，人类刀耕火种，改造了自然；为了走得更远，人类斫木为轮，行走天涯，也改造了自然；为了跨越山河，人类砌石成桥，劈山为路，天堑变通途，更是改造了自然。还有那钻地取油、围海造田、借峡修坝、平地起高楼、抟风上海天、借云降甘霖、造雪六月天，在改造自然的进程中，科技披荆斩棘、所向披靡、硕果累累、奇迹无数。凭着科技，人口多了，财富广了，道路敞了，人间美了。

科技改造着自然又适应着自然，如果它制造的是战争硝烟，排放的是辐射污染，助长的是唯我独尊，实施的是暴殄天物，那么蓝天会为之失色，碧海会为之枯竭，大地会为之死寂，世界会因之无彩，生命会因之停摆。当然，"皮之不存，毛将焉附？"人类不存在了，科技也必然灭亡！

科技应成为我们人类的得力助手，发挥出天使的力量。万不可让它成为脱缰野马，恣意纵横，践踏人间乐土；更不可使其化为洪水猛兽，将人性抹去，将文明湮没！

思路解析

本文用"相对与绝对"的思维，谈科技的"有力"和"有限"，"有力"体现了科技的"绝对"作用，"有限"体现了科技的"相对"效果。全文分三个层次，第一个层次中的"科技帮助人类解决了无数问题"属于"绝对"，"它不一定解决人际矛盾"属于"相对"。第二个层次中的"人类可以没有科技"属于"相对"，"科技永远离不开人类"属于"绝对"。第三个层次中的"科技可能会改造自然"属于"相对"，"科技最终要皈依自然"是"绝对"。

思路拓展

我们还可以选取其他领域中的科技现象，循着这样的思路写成文章。比如科技在发展交通事业方面为人类出行提供的方便属于"绝对"优势，而在破坏生态、增加交通事故风险等方面还存在着"相对"的不足。再比如科技在人工智能方面对劳动生产率的提升属于"绝对"，但科研人员在这方面投入精力的内卷和科研成果应用不当时对人类的危害属于"相对"。其实，身边的科技现象都能体现这种辩证关系，因为逻辑来自生活，也必然体现生活，写作就是揭示和还原它的过程。

一、哲学阐释

　　原因就是引起一定现象的现象，结果就是由于原因的作用而产生的现象。例如，月球对地球的引力作用是发生海洋潮汐的原因，海洋潮汐则是月球引力作用的结果。

　　原因和结果的关系是对立统一的关系。原因和结果是对立的，是因为在具体的因果联系中，原因和结果是不能混淆和颠倒的。原因和结果又是统一的，具体表现在：原因和结果相互依存；原因和结果在一定条件下相互转化，同一种现象在一种联系中是原因，在另一种联系中则是结果，反过来也是一样；原因和结果是相互作用的，原因引起结果，结果反过来作用于原因，引起原因的进一步变化，这就是彼此之间互为因果。

　　因果联系具有客观性，人们既不能够任意创造它，也不能消灭它。

　　因果联系具有普遍性，这种联系普遍存在于自然界、人类社会和思维领域。每一事物都处于一定的因果联系之中，有因必有果，有果必有因，既没有无因之果，也没有无果之因。有些现象虽然我们一时还不知道它的原因，但并不等于没有原因。所谓"毫无结果"只不过是说还没有达到预期效果。

　　因果联系还具有多样性，事物及其过程的相互作用纵横交错，因而因果联系往往有一因多果、同因异果、一果多因、同果异因、多果多因等多种情况。

　　认识和把握事物的因果联系，必须对复杂的情况作全面的具体分析，不能简单化。正确把握因果联系，是提高实践的自觉性和预见性，做好一切工作的重要条件。

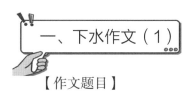

一、下水作文（1）

【作文题目】

阅读下面的材料，根据要求写作。（2023年新高考Ⅰ卷）

好的故事，可以帮助我们更好地表达和沟通，可以触动心灵、启迪智慧；好的故事，可以改变一个人的命运，可以展现一个民族的形象……故事是有力量的。

以上材料引发了你怎样的联想和思考？请写一篇文章。

要求：选准角度，确定立意，明确文体，自拟标题；不要套作，不得抄袭；不得泄露个人信息；不少于800字。

【下水作文】

好故事的力量来自哪里？

根固则木茂，泉浚则流长，好故事的力量源自哪里？追本溯源，探究好故事力量的原点，有利于认清好故事的本质，便于引导我们创造新的好故事。

好故事的力量源自人类改造自然的劳动。

人类是在改造自然的过程中诞生的，让自然为人类服务应该是人与其他动物的显著区别，所以拒绝躺平的人类才有了灵长类动物的美名。但人类在自然面前又是何其渺小，渺小得微不足道，自然的风霜雷电、山洪海啸、地震瘟疫往往给人类带来猝不及防的灭顶之灾，但人类之伟大也就在于他们从来没有停止改造、征服自然的步伐，于是，远古神话诞生了。先民创造神话的目的之一就是勉励后人或心底怯弱的人不要被自然吓倒，所以，他们创造出燧人氏钻木取火的故事以减轻人们对黑暗的恐惧，创造出神农氏遍尝百草的神话以减轻人们对疾病的恐惧，创造出伏羲氏观天象、推演八卦的故事以增加人们掌控世界的信心，创造出女娲氏抟土造人的故事以防止虚无主义的泛滥，创造出后羿射日、愚公移山、夸父逐日的故事以彰显自身的威力。这些故事都是非常精彩的好故事，让后人从神话故事中伟大人物身上学习到"为众人抱薪"的优秀品质。其实这些故事所讲的发明创造都是人类长期生产劳动的结果，它们以神话故事的形式教育了一代代人不要屈服自然，我们要树立自信，坚信自己能够通过劳动和斗争找到解决问题的办法。

正是这样的精神激励着后世人们崇天而不屈服于天，敬地而不受制于地，信命而不听任于命。他们热情地投入生产劳动，孜孜不倦地探索，因此才有了冶铁、炼铜、合金，才有了工具制造、文字发明、文化记载，才有了马车、蒸汽车、内燃车、新能源车，才有了高铁、飞机、航空母舰、火箭飞船，才有了缫丝、织布、印染、刺绣、化纤，才有了笔、墨、纸、砚，才有了电脑、激光打印、五笔输入、讯飞输入、AI写作、ChatGPT、DeepSeek，才有了电灯、电话、电报、2G网、5G网，才有了天眼巡天、神舟问天，才有了月球车、火星车、宇树机器人、大疆无人机。所以说，不屈服自然，改造自然，让自然为人类服务，让自然与人类和谐，是产生好故事的重要源泉。

好故事的力量还来源于人类高尚的灵魂。

生物界并不乏智慧的动物，甚至某些植物也有非凡的智慧，比如卷柏为了寻求适宜生存的环境能卷成团滚动着寻找水源，再比如蝙蝠对超声波感受能力超强，眼镜蛇对地震的预感非常强烈，就连丑陋的壁虎都会断尾求生，甚至极不起眼的蚯蚓都长着一连串心脏，即使被腰斩，不但不会死，反而会有更多的重生。但他们永远不可能像人类那样具有高尚的灵魂，它们或躺平处世、随遇而安、自生自灭，或寄生一世、损人利己。而人类完全不是这样，人类爱己、利人、爱集体、爱国家、求和谐、谋发展，因此，我们人类才有了光辉灿烂的文明，才成了万物的灵长。

人类把躺平式的生活视为"猪栏式"的理想，把不劳而获的人生视为寄生虫一样的存在，把掠夺他人的行径称为野兽般的强盗。

所以，希特勒再凶悍也称不上英雄，唯有捍卫人类和平、反抗法西斯暴政的人民才是人间的英雄；军国主义者再怎么勾结也不堪一击，只有捍卫主权、保家卫国的人民才能筑就铜墙铁壁。

热爱人类和平发展事业的故事，爱国爱家爱集体的故事，孝亲睦邻、尊老爱幼的故事，尊师重教、助人为乐的故事无不体现着人类高尚的灵魂，这高尚的灵魂正是产生好故事的重要源头。

好故事的力量还来自人类对自身的改造。

有人说，人类是万物的灵长，也是万物的主宰，这句话是对我们人类的高度褒扬，但我们人类从没有以万物主宰的名义自居。聪明的人类在改造自然的过程中也在改造自身，我们尊重生灵，敬畏自然，我们不因为自己不会飞而折去鸟的翅膀，而是用鸟类的长补自己的短，发明了飞机。我们不因为自己能移山填海，能筑坝修堤，能上九天下五洋而让自然伤痕累累，我们人类总在让自身去适应自然，在这个过程中书写了绿水青山、休渔歇耕、退耕还林的好故事，书写了南水北调、西气东输、西电东送的好故事……

无论是改造自然还是改造自身，我们人类正是靠着伟大而高尚的灵魂书写了一个个、一代代动人的好故事，这些好故事给后来者以激励和指引，给反其道者以警醒和纠正。

思路解析

本文用"原因与结果"的思维探讨产生好故事的力量源泉。主体部分包括三个层次，指出"人类改造自然的劳动""人类高尚的灵魂""人类对自身的改造"是好故事产生的三个源泉。这三个源泉也就是三方面的原因。

　　运用因果联系的思维，我们还可以从材料中任意选取角度写文章，比如，可以用"故事可以改变一个人的命运"立论，明确有哪些好故事改变了谁的命运，进而探讨这些好故事改变他命运的原因和结果。

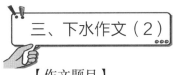

三、下水作文（2）

【作文题目】

阅读下面的材料，根据要求写作。（2023年新高考Ⅰ卷）

好的故事，可以帮助我们更好地表达和沟通，可以触动心灵、启迪智慧；好的故事，可以改变一个人的命运，可以展现一个民族的形象……故事是有力量的。

以上材料引发了你怎样的联想和思考？请写一篇文章。

要求：选准角度，确定立意，明确文体，自拟标题；不要套作，不得抄袭；不得泄露个人信息；不少于800字。

【下水作文】

中华好故事滋养了一代代人

好故事有滋养人品性的作用，我们从小在听孔融让梨的故事中学到了谦让的美德，在曹冲称象的故事中学到了杆秤的原理，从司马光砸缸的故事中习得了生存的智慧，从铁杵磨针的故事中体会到了坚持的力量。中华民族文化源远流长，好故事层出不穷，中华好故事用熏浸提染的方式影响了一代代中华儿女。

中华好故事中实事求是、取信于民的执政理念，保障了民生，稳定了政局，促进了发展。

《曹刿论战》中曹刿对鲁庄公谈论作战条件的故事就是这样，鲁庄公把笼络臣下和求神拜佛当作战争取胜的先决条件，曹刿给予明确否定，然后引导鲁庄公认识到以事实为依据、取信于民的必要性和重要性，以事实为依据决狱断案，取信于民方可使上下同欲、君民一体，这是作战取胜的前提。这个故事讲的是真理，它给当时和后来的当政者以警示：要取信于民，不可愚民，更不可忘记了人民。

古代典籍中有许多取信于民的好故事，比如秦代商鞅的城门立木，汉代刘邦入咸阳后的约法三章，赵武灵王颁布的胡服骑射，诸葛亮七擒七纵孟获，中国共产党在抗战时提出的建立最广泛的抗日民族统一战线政策，还有新中国成立后提出来的第一个、第二个五年计划，还有党的十一届三中全会后实施的改革开放、科教兴国战略，不胜枚举。封建王朝靠实事求是、取信于民使帝业稳固。新民主主义革命靠实事求是、取信于民得到人民支持和拥护，用"小米加步枪"赶走了外来侵略者，结束了国内的分裂和战争，实现了民族团结和解放。社会主义改造和社会主义建设时期，中国共产党仍然依靠着实事求是、取信于民摆脱了内部势力的阻挠和外部势力的扼制，从站起来到富起来到强起来。我们中华好故事中实事求是、取信于民的精神永远闪耀着思想的光芒。

中华好故事是以辩证为特色的智慧故事，它倡导主流价值观，观大势所趋，不搞非此即彼的武断对抗，符合社会发展规律。

中华文化自古就有辩证的基因，从阴阳五行相生相克理论到中医的辩证施药，从物极必反的极限理论到增一分则长、减一分则短的中庸思想，从"金无足赤、人无完人"的宽容待人到"见贤思齐，见不贤而内自省"的取长补短，从"己所不欲，勿施于人"的换位思考到"外举不避仇，内举不避亲"的用人原则，中华好故事讲的是辩证内容，表现的是辩证思想。

所谓尺有所短，寸有所长，不能一说"好"就捧到天上，不行也行；也不能一说"歹"就棒杀致死，行也不行。那种非白即黑、非此即彼、非友即敌的二元对立思想于哲学讲不通，于生活行不通，在我们中国文化中也是难以立足的。

正是有了这样辩证的思想，鲍叔牙才不会因为管仲多分一些盈利而生嫌隙，王安石也不会因为司马光与自己政见不和而生怨愤，中国共产党人才不会因为国民党当初的白色恐怖而放弃与之建立抗日民族统一战线，新中国政府才不会因为资本主义制度的严重缺陷而放弃"一国两制"的港澳台政策。

中华好故事中的辩证思想让个人与个人之间的交往不拘小节，让集体与集体之间的交流趋向共赢，让国家与国家之间的沟通走向多极，让人类与自然之间的关系从对立走向和谐。

中华以"和""合"为底色的好故事充满了人间温情，符合人类愿景，顺应世界潮流，必将长惠人间。

人类社会产生于"和""合"，经过数度的"离""散"，但最终必然走向"和""合"。人类之初，在威力无穷的大自然面前必须团结在一起才能应对自然的挑战，否则连虎狼狮豹都抵御不了。在改造自然让自然服务于人类的进化过程中，依然需要"和""合"，否则，单靠一个人的力量、一个地域的文化、一代人的智慧，如何驯养出家禽，如何选育出良种，又如何总结出金银铜铁的冶炼方法，如何铸造出餐具、农具、战具，又如何能制造出车船，营建出宫殿，发明出文字，撰写出史册呢？传承文明更不可能只靠单个人、单个民族、单个国家，否则就不可能有多彩的文字、多样的语言、多民族的交融进步，就不可能有联结五湖四海的船队、驼队、马队，也不可能有联通全球的海陆空交通，更不可能有联通地球与星空的各种网络、信号、飞船、探测器。我们人类正是从走出自我、探寻新天地、建立新秩序的过程中促进了全球的繁荣，成就了不朽的文明。

让我们实事求是、取信于民、辩证包容、"和""合"温情的中华好故事永葆根正苗红的优秀基因，衍生出更多更新更动人的人间好故事，以普惠全球、流芳万代。

思路解析

　　本文从三个方面阐述了中华好故事滋养一代代人的原因，它们是中华好故事中的"实事求是，取信于民的执政理念"，是"辩证包容的哲学思想"，是"'和''合'与共的人间温情"，这三个方面从对后世的影响来看是原因，从中华好故事的特征来看是结果。

思路拓展

　　以上两篇例文主要是从原因方面剖析好故事，我们也可以针对材料中立意或自创立意，从结果方面着手，探讨好故事在"更好地表达和沟通"或"触动心灵"方面的结果。拿前者来说，可以写古代丝绸之路上的好故事当时促进了中西方文化的交流，促成了现在"一带一路"的建设；可以写抗美援朝的好故事促进了社会主义阵营的团结，保卫了人类的和平；还可以写北京奥运会的好故事，促进了国际文体事业的交流等。

四、下水作文（3）

【作文题目】

阅读下面的材料，根据要求写作。（2024年高考新课标Ⅰ卷）

随着互联网的普及、人工智能的应用，越来越多的问题能很快得到答案。那么，我们的问题是否会越来越少？

以上材料引发了你怎样的联想和思考？请写一篇文章。

要求：选准角度，确定立意，明确文体，自拟标题；不要套作，不得抄袭；不得泄露个人信息；不少于800字。

【下水作文】

监管与合作下的科技才能造福人类

科技，无论是钻木取火式的原始科技，还是以互联网、人工智能为代表的高科技，当它造福人类时是人间天使，否则就可能沦为世上撒旦，而科技之所以能造福人类的重要原因是它受到了我们人类严格的监管和通力的协作。

无规矩无以成方圆，无规则没有好科技。

科技就像关在笼中的猛兽，如果失去笼子，它就会张开血盆大口，露出满嘴獠牙。科技又像蓄在高峡里的洪水，如果不加约束，它就会一泻千里、恣肆汪洋。

研制原子弹①的目的是遏制纳粹德国的侵略势力，尽快结束第二次世界大战，但一经投放，两座城市被夷为平地，几十万生命成为炮灰，十几万平方公里的土地受到严重核辐射，寸草不生、基因变异、怪病丛生。所以，第二次世界大战后，美苏争霸虽然态势严峻，但两个超级大国仍然积极推动国际核裁军，先后签订了《部分禁止核试验条约》，并在联大主导下通过了《不扩散核武器条约》《反导条约》《中导条约》，这些举措得到了国际社会的普遍赞誉。

近现代工业的发展对环境造成了严重污染，为解决生产与发展的矛盾，1972年6月5日至6月16日，联合国在瑞典首都斯德哥尔摩召开了人类环境会议，全球113个国家的1300多名代表参加，世界各国政府代表首次共同探讨环境问题，提出了"只有一个地球"的口号，并决定将每年的6月5日定为"世界环境日"，制定了保护环境的共同对策和措施。1992年6月3日至14日，联合国环境与发展大会在巴西里约热内卢举行，183个国家代表团参加，其中有102位国家元首或政府首脑亲自与会，讨论通过了《21世纪议程》，在环保领域为各国政府提供了一个从20世纪至21世纪的行动蓝图。在这一倡议下，全球携手制定和组织实施了相应的可持续发展战略，以迎接人类社会面临的共同挑战。

科技促进生产的发展，发展带来了环境的污染，污染问题还必须以科技的发展来解决。2020 年 9 月，国家主席习近平在第七十五届联合国大会上宣布，中国力争 2030 年前二氧化碳排放达到峰值，努力争取 2060 年前实现碳中和。2021 年中国政府更是将"双碳目标"写入了《政府工作报告》。这些充分体现了中国政府支持世界环保事业、构建人类命运共同体的战略决策和大国担当。

独树不成林，众人合力开大船，在人类命运与共的道路上，只有全世界共同行动，形成合力，才能让科技产生造福人类的巨大力量。

不同国家、不同地区有不同的发展背景、发展需求，科技发展水平也有差异，只有通过彼此的交流与合作，才可以权衡利弊、取长补短，实现可持续发展。

为了提高人口素质，预防或治疗疾病，促进健康发展，1990 年人类共同开启了人类基因组计划，目的是通过破译人类全部遗传信息，来研究人类生长、发育、衰老、遗传、康复治疗和免费共享的问题。全世界共有 1000 多位科学家共同参与了人类基因组计划，经过十几年的通力合作，2003 年完成了准确且完整的人类基因组序列测定工作，这项科技研究成果的迅速完成并惠及人类，得益于全世界科学家的通力协作。

研制原子弹的"曼哈顿计划"也是这样，为了赶在纳粹德国前面研制出原子弹，以免原子弹制作技术被法西斯势力用来祸害世界人民，为了尽快结束第二次世界大战，美国号召除德国外的多国优秀核研究专家共同攻关，制造原子弹。"曼哈顿计划"共吸引了 10 多万人参加，美籍华人吴健雄女士也参与了研制，经过 3 年紧锣密鼓的研究，花费了 20 多亿美元，人类第一颗原子弹终于在 1945 年 7 月 16 日试爆成功，为世界反法西斯战争的胜利提供了强大的武器。

2020 年初，新冠疫情肆虐，世卫组织迅速在日内瓦召开会议，开启了"新型冠状病毒全球研究与创新论坛"，世卫组织总干事谭德塞更是发出了"团结、团结、再团结"的呼吁，全球 400 多位科学家共同商讨了如何应对新冠疫情的问题，各国通力合作，为全球战胜新冠疫情贡献了智慧和力量。

科技是全人类的事业，不能搞技术垄断和封锁，同一个地球，同一个家园，我们必须命运与共，携手应对面临的各种困难，尤其是事关全局、影响全球、关乎未来的重大问题。

当危难降临，理性才是我们正确的态度，科技才是我们强大的武器，合作才是我们不二的选择。

每一朵雪花都愧对雪崩，我们是这个星球的主人，我们都不能当局外人，只有规范我们的科技行为，协调一致、通力合作，发展科技，才能让科技造福人类。任何逆全球化的单边主义、霸权政治、剥削思想，在科技研究方面会很容易滑入自掘坟墓的深渊。

注：①美国投向日本广岛的原子弹"小男孩"包含64千克铀—235，只有不超过1000克的铀参与了核裂变，其中只有0.6克物质真正转化成能量，释放的能量就相当于1.5万吨的TNT烈性炸药，爆心风压相当于1平方米大小的面积上加压了350吨的重物。

思路解析

本文从"原因与结果"的角度谈科技发展的"监管与合作"问题，分为两个部分。第一部分阐述"监管"的必要性，用人类在核武器方面制定的条约、在环保方面制定的政策措施来加以论证，正是因为有了人类"监管"的"因"，才有了合理利用核能和有效保护环境的"果"。第二部分阐述"合作"的必要性，举"人类基因组研究计划""曼哈顿计划"和"世界抗击新冠疫情行动"来论证，正是因为有了人类"合作"的"因"，才有了基因图谱绘制成功、世界反法西斯战争取得胜利和全球抗疫胜利的"果"。

思路拓展

我们还可以选取科技在其他领域里的表现来阐释"原因与结果"的辩证关系。比如正是现代生物、化学科技取得了一系列新成就的"因"，人们才有将着色剂、酶制剂、增稠剂、膨松剂等食品添加剂合理添加制作出精美食品的"果"；正是有了对荷载、结构、强度、刚度、稳定性等建筑力学深度研究的"因"，才有了建成摩天大楼的"果"；正是因为有了对雄性不育系、保持系、恢复系特点及其相互作用深入研究的"因"，才有了培育出杂交新品种的"果"。

第十章　共性与个性

一、哲学内涵

共性指不同事物的普遍性质。

个性指一事物区别于其他事物的特殊性质。

共性和个性是一切事物固有的本性，每一事物既有共性又有个性。共性决定事物的基本性质；个性揭示事物之间的差异性并丰富着共性。

共性是绝对的、无条件的；个性是相对的、有条件的。共性只能在个性中存在，个性又受共性的制约。任何共性都只能大致包括个性，任何个性都不能完全被包括在共性之中。共性和个性在一定条件下会相互转化。

共性与个性的关系是矛盾问题的精髓。

二、下水作文（1）

【作文题目】

阅读下面的材料，根据要求写作。（2023 年新高考Ⅰ卷）

好的故事，可以帮助我们更好地表达和沟通，可以触动心灵、启迪智慧；好的故事，可以改变一个人的命运，可以展现一个民族的形象……故事是有力量的。

以上材料引发了你怎样的联想和思考？请写一篇文章。

要求：选准角度，确定立意，明确文体，自拟标题；不要套作，不得抄袭；不得泄露个人信息；不少于 800 字。

【下水作文】

中国好故事的独特美

好故事体现的是一个民族、一个国家、一个团体或一个政党的核心价值观，具有普世价值的好故事并不多，而我们中国好故事因其别样的内涵在与欧美乃至于毗邻的东亚诸国的对比中显示出了独特的美。

中国美好的爱情故事常常以"有情人终成眷属"画上圆满的句号，而欧美动人的爱情故事常常以"把有价值的东西毁灭给人看"的方式警戒当世或后代。

比如我国神话爱情故事"牛郎织女"中牛郎和织女每年能鹊桥相会，《柳毅传书》中书生柳毅与龙女三娘最终订立齐眉盟约，成为完美伉俪。还有元杂剧《西厢记》中张生与崔莺莺的爱情故事，越调《李天保吊孝》中李天保与张凤姐的爱情故事，豫剧《朝阳沟》中栓保与银环的爱情故事，现代诗中《王贵与李香香》的爱情故事，都是这样。这些爱情故事中的主人公一旦许定终身便忠贞不渝，无论是父母的反对，还是媒妁的谰语，抑或是门第观念的束缚、小人从中作祟，都阻挠不了他们的爱情与婚姻，即便是被逼上绝路也要化魂、化蝶、化鸳鸯、化成连理枝、化作比翼鸟走到一起。《孔雀东南飞》中的焦仲卿和刘兰芝，《梁山伯与祝英台》中的梁山伯与祝英台都是这样的典范。那些名不见经传的、口耳相传的爱情故事更是数不胜数。

欧美思潮主导下的爱情故事容易陷在个人激情中难以自拔，或者是个人激情在与神权、族权、财权甚至小人作祟中显得苍白无力，最终不得不采取麻木、沉沦的方式放手爱情，甚至以主人公殒命的方式彻底绝望。比如《罗密欧与朱丽叶》的悲剧，《坦泰尼克号》中杰克与露丝的爱情，《复活》中玛丝洛娃与聂赫留朵夫的爱情，再比如现实世界中的"家暴门""闺蜜门""绯闻总统""独身主义者"等。其间老夫少妻甚至一生数任者广泛存在，少夫老妻者也屡见不鲜，在当事人看来，也许这才是即时式自由恋爱，这才是幸福当下的婚姻。然而，在中国爱情婚姻观里，这却是另类的。

中国革命成功的好故事显示的是集体的力量、集体主义的胜利，欧美及亚非拉其他国家和地区革命成功的好故事常常归因于个人英雄主义的成功。

从春秋末期的分崩离析到战国时的七雄混战，秦国采取连横战略，用"远交近攻"的手段，拉一派打一派，利用一个集团的力量削弱甚至消灭另一个集团的力量，最后再逐一吞并，最终取得了统一天下的胜利，依靠的是利益集团的力量。秦末陈胜吴广的大泽乡起义也是这样，陈胜以"王侯将相宁有种乎"的口号激发戍卒共同反抗，然后齐心斩杀压迫他们的校尉，继之揭竿而起，发动了灭秦的大起义。汉末黄巢起义，宋末瓦岗起义、宋江起义、方腊起义，明末李自成起义，清末太平天国起义，一直到中国的旧民主主义革命和新民主主义革命的胜利，这些取得成功的起义或革命无一例外是发动了人民群众的力量，核心人物只起到团结组织这些力量的作用。其他国家和地区，尤其是欧美国家革命成功的故事往往宣扬某个领袖人格魅力所起的决定性作用，比如美国的华盛顿将军，英国的伊丽莎白二世，日本的天皇，法国的拿破仑，印度的甘地，南非的曼德拉，苏联的列宁、斯大林等。中国社会的发展和文明的进程不会因领导者的更替甚至朝代的更迭而停滞，而其他国家和地区却常常会因为领导者的更迭而产生政局动荡，甚至亡国，究其原因，中国一直重视人民的力量，其他国家和地区往往倚重英雄的魄力。

中国创业成功的好故事肯定的是品质第一，欧美创业成功的故事常常突出科技的威力。

比如中国的著名企业格力集团，格力一直将品质放在第一位，致力于做中国乃至世界上最好的空调。海尔电器的成功也是把品质放在首位，大家一定还记得海尔电器总裁张瑞敏将一批不合格产品砸碎的故事，也就是说，海尔集团宁可赔本也绝不让不合格产品流入市场。华为通讯的品质，娃哈哈纯净水的品质，老干妈辣椒制品的品质，胖东来连锁超市的品质，饺子导演的动画片《哪吒》的品质，都堪称世界一流。质量是诚信之基，诚信是发展之本，中国著名企业是这样，公务事业部门、个体经营、人与人交往无不如此。从欧美企业来看，无论是美国的微软、苹果公司，还是马斯克的星链技术，还是德国的西门子通讯，法国的香奈儿等奢侈品都与高科技密切相连，在科技助推下保持领先，至于是否守住诚信，保住品质，那是第二位第三位的事，他们的制造业不停地发布召回事件就是这方面的明证。

以上三个方面的对比，目的不在于否定欧美好故事的质量，也不在于自诩我们中国好故事的分量，旨在于对比中说明我们中国好故事的独特魅力、独特价值，作为国家、地区或民族文化来说只有差异，不能作出孰优孰劣的定论。

让中华好故事扎根民族基础，立足我国国情，葆有优秀基因，汲取人类文明精华，在世界文明大观园中永远独具风采。

本文针对材料中"好故事可以展现一个民族形象"的角度立意,运用"共性与个性"的思维,采用对比论证的方法,从中外美好爱情故事、革命成功好故事和创业成功好故事三方面选材,显示了中外文化的独特特点,也在对比中突出了中外文化的差异。

上文是针对中外文化的个性来阐述的,我们还可以从中外文化的共性着手写作,

选取三四个角度来表现中外文化中爱和平、谋发展、求和谐、倡友爱等方面的好故事，以表现人类文明中共性的追求。

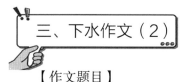

三、下水作文（2）

【作文题目】

阅读下面的材料，根据要求写作。（2023年新高考 I 卷）

好的故事，可以帮我们更好地表达和沟通，可以触动心灵、启迪智慧；好的故事，可以改变一个人的命运，可以展现一个民族的形象……故事是有力量的。

以上材料引发了你怎样的联想和思考？请写一篇文章。

要求：选准角度，确定立意，明确文体，自拟标题；不要套作，不得抄袭；不得泄露个人信息；不少于800字。

【下水作文】

好故事的名字叫"真善美"

人间好故事层出不穷，内容丰富多彩，有爱国的，有孝亲的，有友善的，有诚信的，有讲求与自然和谐的，有化干戈为玉帛的。从形式上看亦是精彩纷呈，或诉诸大部头小说，或见诸报刊一角，或表演于大舞台，或呈现在影视剧，或流传于口耳相授，或镌刻于碑石名山；从表现手法上更是绚丽多姿，有戏曲，有朗诵，有情节曲折的传奇，有通俗幽默的俚语，甚至有的只是歌谣、快板书、顺口溜。我认为，无论什么内容、什么形式、什么表现方式的好故事，它们的共同特点应该都是"真善美"，如果给好故事的家族命个名字的话，那就是"真善美"一族。

"真"是好故事的首要特征。

好故事的情节不一定真，人物不一定真，但逻辑一定要真，情感一定要真，是不必确实有，不必真发生，但当下可能发生可能存在，或者将来可能甚至一定会出现的事。所以，它不是玄幻，更不是魔幻，它可以是神话，也可以是科幻。神话故事的主人公其实是现实世界中人们崇拜的英雄的化身，是人类在应对自然挑战力不从心时将现实中人的能力夸大、拔高而塑造出来的形象。他是积极向上的，代表了这个民族或种族的共同审美价值和追求，比如力大无比的夸父、无所不能的道仙、慈悲为怀的佛祖。科幻是基于现有科学技术对未来更高追求的梦想，它的人物可以穿越古今，可以突破时空，但它还是个"人"，有人的思想、人的情感、人的价值取向、人的劳动创造，而不能变成怪物，或六亲不认的野兽，它必须具有人的社会性和认识的局限性，不能变成无所不能的神。

唯其"真"，好故事的"好"才有价值，才能对受众起到引导、警醒、劝诫、激励的作用。如毛泽东爱党救国的故事，钱学森辗转万里也要回到祖国、报效祖国的故事，华罗庚自学成才、天道酬勤的故事。这些故事之所以能家喻户晓，首先在于它们是真实的，如果这些故事是无本之木、无源之水，是经不起推敲的子虚乌有，又如何经得起历史的检验，又如何能让一代代人信服它、学习它呢？

"善"就是好故事的实用价值，是对"真"的高一层次的要求。

"善"就是有用，如果这故事是天方夜谭，与现实隔着十八层，又怎能称得上好故事？有的故事虽然有用，但是"利自我"而不"利大众"，更谈不上"利天下"，那也称不上好故事。试想，如果在炮火纷飞、国土沦丧、列强入侵、民不聊生的时候还在卿卿我我谈论风花雪月，还在拿腔捏调斟酌满汉全席，尽管那情感死去活来，尽管那席上有斗酒诗百篇，又怎配称作好故事呢？

"大禹治水"是好故事，它不仅让人学习了大禹不辞劳苦为人民的高尚品质，还让人学会了用疏导的方法治理水患的先进经验。"曹冲称象"是好故事，它不仅让人认识了一个聪明机灵的孩子，更让人掌握了利用浮力原理解决生活难题的方法。"西门豹治邺"是好故事，它不仅戳穿了封建迷信愚弄人民的把戏，还能警戒为官者应科学行政、惩恶扬善、造福于民的官理。而像郭巨"埋儿奉母"、王祥"卧冰求鲤"的故事虽然突出了孝道，但它灭人伦、泯人性，容易把受众引到邪路上，是不能被称为好故事的。

好故事的大名应该叫"美"。

"美"以"真"和"善"为前提，如果只有"真""善"没有"美"，就不容易被人接受，就会影响对受众的引领作用，甚至会适得其反。试想，如果英雄故事里充满了冤冤相报的仇恨和刀光剑影的屠戮，如果成功故事中充满了尔虞我诈的阴谋和"狭隘自私"的目的，那么，即使这个英雄人物为他的民族、国家、人民带来了利益，又怎能谈得上是好故事呢？即使这次成功给企业带来了巨额利润和向好的发展，又怎能称得上是好故事？所以，无论八国联军通过入侵中国给他们本国的博物馆里增加了多少艺术珍品，因为这些珍品是抢来的、有悖人性的，所以这些人是丑陋的、邪恶的，他们的故事是肮脏的。

"美"是全人类的共同价值追求，它要求沐浴人性的光辉，闪射人性的光芒，关怀人性的成长。要经常设身处地地去考虑、去谋划、去落实。用中国的一句古话来说就是"己所不欲，勿施于人"。通俗一点儿说就是：凡事儿要打个颠倒想想，要换位思考。

百花颜色不同，但都有怡人的芳香；河湖泉泽形态不一，但最终化云成雨汇入大海。它们都有向上的姿态、向前的追求。好的故事也是这样，它成长于不同的土壤，濡染着民族的基因，穿戴着地域的奇装，呈现着不同的风采，但"真善美"的本质是不变的，这才是它们的共同特点。

本文以"好故事要表现世界各民族共同价值追求"为立意角度,是材料中"好故事可以展现一个民族形象"的拔高和深化。从"真、善、美"三个方面展开阐述。这三个方面逐层深入,同中有异,异中有同,阐释了人类好故事的共同特征。

上文选材比较大,我们可以将视角放低,将选材缩小,写我们耳闻目睹的一些好故事,从中发掘各自的独特美和共同美。比如在各地发展进程中涌现的促进经济、振兴教育、繁荣文化、保护生态、普惠医疗等方面的好故事,这些好故事来自不同领域,内容不同,方式不同,效益不同,但为人民服务的初心和使命是相同的。当然,我们还可以把写作角度继续缩小,把写作材料继续生活化,写出自己学校生活、学习生活中好故事的个性或共性特点

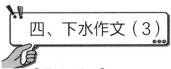

四、下水作文（3）

【作文题目】

阅读下面的材料，根据要求写作。（2024年高考新课标Ⅰ卷）

随着互联网的普及、人工智能的应用，越来越多的问题能很快得到答案。那么，我们的问题是否会越来越少？

以上材料引发了你怎样的联想和思考？请写一篇文章。

要求：选准角度，确定立意，明确文体，自拟标题；不要套作，不得抄袭；不得泄露个人信息；不少于800字。

【下水作文】

基础教育亟待科技赋能

随着互联网的普及、人工智能的应用，给人类社会生产生活赋能的新科技如雨后春笋般涌现，但全力赋能我们基础教育的科技却寥若晨星。基础教育的问题也亟待新科技助力解决。

"小荷才露尖尖角，早有蜻蜓立上头。"以互联网、人工智能为代表的现代科技一经问世便引起无数领域的革命性变化。车间里的机器臂一天24个小时精准地干着流水线上的工作，快递公司的包裹被传送带飞快地分拣到它们应该投往的区域，购物网站里小机器人为刨根问底的顾客乐此不疲地给出最及时、最贴心、最温馨的答复，人们在车站、银行、餐厅、酒店、景区可以凭着刷脸自在地进进出出。科技解决了三千年来人们未能解决的自动化问题，我们应该为科技带来的便利高声喝彩！

21世纪第一个十年，科技赋能全面开花。科技赋能游戏，王者荣耀、和平精英、地下城勇士等各种游戏粉墨登场。科技赋能商业，淘宝、京东、拼多多、苏宁易购、唯品会，人们足不出户，遍览天下商品，可货比三十家，可杀价三百回，拿下称心如意或物有所值的商品。买家下单任意，商家坐地营利，快递送货上门，厂家跟风创新，繁华超市转体为米面粮油菜市场，实体门店让位于快递物流商品驿站。科技赋能交友，QQ聊天、微信设圈、抖音圈粉、陌陌派派匹配新友、YYKK同城互动，人类生活不再只是柴米油盐、家长里短、鸡零狗碎。在网络空间里，通过交友软件，可与元首互动，可与明星沟通，可与专家辩论，可为心仪者打赏、点赞。大洋彼岸三万五千里如在眼前，人类社会上下五千年好似再现。可前瞻古人，后顾来者；可知庙堂之上真有朽木为官，巴山楚水凄凉地也藏着惊世骇俗之人。科技赋能制造业，有了上九天摘星下五洋捉鳖的大国神器，有了长眼睛的导弹、自带脑袋的汽车、天生不知疲倦的机器人、一时万里的飞行器，有了每秒高达数十亿亿次速度的超级计算机。科技春风骀荡处，恰一似换了人间。

人间四月芳菲尽，山寺桃花仍未开。科技春风几乎温暖了整个大地，但基础教育的园地里依然是山寺桃花，春风不度玉门关，高处不胜寒。很多科技都与教育隔着三重门。

一重是认知的门。

量子技术有哪些神奇？AI 是什么东西？ChatGPT 有什么作用？怎么利用 DeepSeek 开源代码服务本职工作？人工智能与计算机有多少联系？数字货币和货币数字化有什么不同？星链与区块链又是什么怪物？天问一号、火星探测器、火星车、"祝融"号之间又有着怎样的隶属关系？这些劲刮的科技风已席卷寰宇，红遍神州，但从学校尤其是基础教育学校的大门口腾空而过，端坐在教室里上课的孩子们只能从语文考试第一大题的阅读中嗅到一些气息。那指尖动一动就可以在百度上解决的问题，学生们却不得不去老师那里寻求答案，很多老师对前沿知识、时新科技也是一问三不知，只得借度娘的帮助才能将答案搬运过来、传送过去。各类大小辞书、厚薄文典早已是"素蟫灰丝，时蒙卷轴"。

二重是实践的门。

实践是科技的基础，万丈高楼平地起，实践才能出真知。当下，基础教育的课程基本还是理论课程，以实验为基础的物理、化学、生物课也鲜见动手实验，以解决生活实际问题为出发点的语文、数学、英语等课程还在一遍又一遍验证公理、定理、文法上面兜兜转转。理论与实践分离，知识与能力脱节，科技与教育疏远，这些现象司空见惯。学生们的视觉器官被过度使用，近视率节节攀升；学生们的听觉器官过度劳累，精神疲软处处可见；学生们的神经系统被冬眠，思维僵化屡见不鲜。没有谁敢放手让学生们去实验室里泡个一天半天，因为高考是纸上争霸；没有谁敢放手让学生们去网上冲冲浪，去工矿车间开开眼，因为高考是当务之急，那些高科技是诗和远方，暂时可以不管。

三重是启迪的门。

一千多年前，韩愈就提出了"师者，所以传道授业解惑也"，传道、授业、解惑，三足鼎立，缺一不可。这话可谓振聋发聩，但当下许多地方的基础教育还歧扭着"受业"的独轮车踽踽独行，什么前沿科技，什么世界眼光，什么可持续发展，一概敬而远之。两千多年前，孔子就提出了"学而时习之，不亦说乎"的至理名言，这话可谓切中肯綮。这句话的意思是：学习后，经常温习所学的知识，并利用时间去实践它，不也很令人愉快吗？但当下许多地方的基础教育"以练代学，以考代教"成为经典，重复练习大行其道。课时一再被压缩，三年课程两年甚至一年半学完的有之，考试时间占去学生学习时间半壁江山者有之，这种情况下，别说实习，连预习、温习的时空也都被一并榨干了。

科举制时代，读书人读了"四书五经"，考中了举人，然后国家鼓励他们步行进京参加会试，目的是让这些读书人走出书斋，开启实践，让他们一路上考察民情，求学名师，拜访名人，见修名吏，这个过程被称为交游。经过了生活历练的举子，一旦科场得中，被朝廷封为命官，主政一方，他们能治吏，能驭民，能经管农林牧渔，能审狱断案，能缉凶弭盗，堪称全才。朝廷为了鼓励举人们深入实践，还会赋予他们进京赶考路上的许多优待，比如免费食宿、备用驿传车马、沿途政要款待等。

当下，有许多地方的教师疲于工作留痕、打卡应检，忙于坐镇教室、严防学生调皮捣蛋。得个空闲还得为晋职准备课题，为赛课涂脂抹粉，为各路公婆插花缀绿，为官僚老爷捧场喝彩。科技新风叩不开铁锁的心扉，科技春潮涌不进守旧的课堂，老师们由于缺了这桶春水，就难以倾倒给学生一碗琼浆。德国哲学家卡尔·雅斯贝斯说："教育的本质意味着一棵树摇动另一棵树，一朵云推动另一朵云，一个灵魂唤醒另一个灵魂。"如果教师都没有被科技眷顾，依然是铁树难开花，又如何去启迪学生桃李迎春风呢？

科技催生新事物如雨后春笋，科技推动新事业似千帆竞发，科技推动新文化熠熠生辉，科技推动新文明滚滚向前，科技烛照未来是大势所趋，我只是呼吁科技的明灯不要无视塔脚之下，谨防"灯下黑"。基础教育才是大厦的根基，才是灯塔的底座，科技应是基础教育园里的春雨，随风潜入夜，润物细无声，而不能像烟花，昨夜东风花千树，未待天明，已吹落，星如雨……

本篇从"共性与个性"的角度思辨科技的作用，主体分为两个部分。前三段是第一部分，从"共性"角度谈科技极大赋能了人类生产生活，举了很多典型例子。第四至第十二段是第二部分，从"个性"角度谈科技对基础教育的作用，列举了科技对基础教育赋能不够的现象，从认知、实践、启迪三个方面阐述，举了许多范例。最后一段总结全文。

我们还可以按"共性与个性"的思维选取其他素材进行阐述，比如可以选取商业这个领域的素材，谈科技在扩大销售量方面的普遍优势和在保证商品质量、提高服务品质、防止价格大战方面的研发不足。我们还可以选取贴近我们生活的学习用具、书籍印刷、学校餐饮管理等领域体现出的科技共性和个性问题。

第十一章　肯定与否定

一、哲学阐释

肯定是事物中维持其存在的方面,促使事物处于量变、相对静止、平衡、稳定状态,维持事物是它自身而不是别物。

否定是事物中使其灭亡的方面,破坏事物的稳定和平衡,使事物从量变过渡到质变,促使一事物转化为其他事物。

肯定和否定是两个对立又统一的方面,它们相互联系又相互制约,它们在同对方的区别、相互关联中获得自身的规定性,并以对方的存在作为自身存在的前提。

肯定和否定的对立又不是僵化凝固的,它们可以在一定条件下相互转化。

肯定和否定两个方面,由于内在的矛盾而彼此进行着斗争,当肯定的方面处于矛盾的主导地位时,事物保持其原来的性质和存在;当否定的方面在一定条件下取得支配地位时,事物就超越自身,转化为自身的对立面,一事物就变为他事物。

新事物是对旧事物的否定,它自身又包含着肯定和否定自己的两个方面,这两个方面又在新的条件下既对立又统一,展现出新的矛盾运动过程。

这就是事物发展经历的肯定、否定、否定之否定的过程,由此而呈现出螺旋式上升的发展态势。

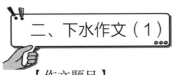

二、下水作文（1）

【作文题目】

阅读下面的材料,根据要求写作。（2023年新高考Ⅰ卷）

好的故事,可以帮助我们更好地表达和沟通,可以触动心灵、启迪智慧;好的故事,可以改变一个人的命运,可以展现一个民族的形象……故事是有力量的。

以上材料引发了你怎样的联想和思考？请写一篇文章。

要求：选准角度，确定立意，明确文体，自拟标题；不要套作，不得抄袭；不得泄露个人信息；不少于800字。

【下水作文】

好故事也不是一"好"百"好"

金无足赤，人无完人。我认为，世间万事万物也都可做一分为二的分析，然后取其精华，弃其糟粕，好故事也不例外。

我国古今都有许多彰显孝道的好故事，在孝敬双亲上感天动地，但有的存在抹杀人性的糟粕，我们一定要认识到这些糟粕并果断舍弃。

在我国的《二十四孝图》故事中就有这样一个特例，讲的是汉代一个叫郭巨的男子要把自己的儿子活埋来侍奉母亲。他为什么要这样做？郭巨的父亲离世得早，母亲多病，他家庭特别贫穷，就在这种情况下，他还是将自己该继承的那份家业全给了两个弟弟，自己独自承担起赡养母亲的责任。不久，郭巨家的日子就捉襟见肘了，于是他就跟妻子商量把儿子埋掉，以节省一份口粮供养母亲。他说："母亲只有一个，儿子可以再生。"郭巨这么荒谬的思想和行为在古代竟能被奉为孝亲的典范流传于世，真是令人毛骨悚然。有人为了肯定他的孝道，还给他的故事加编了一个因果报应的结尾，让他夫妇二人在挖坑埋儿子时刨出一块狗头金来，这样既免了儿子的灾，又给母亲带来了福。岂不知，这一结尾更是贻害无穷。在那个迷信风行、愚昧遍布的时代，应该会有许多冥顽不化的人们相信因果报应，从而在这子虚乌有的因果报应影响下做出卖儿、弃儿、易子而食的荒唐事来，这匪夷所思的事情在人类历史上不是少数，细思极恐。

郭巨埋儿的例子太露骨，现在看来像个谎言，但当今社会，真的不乏脑子缺根筋的人会把幻梦当理想，从而做出伤天害理、灭绝人伦的事来，有的还是名校的高才生。

这种以孝亲名义无视人伦的事儿现在往往披上了一层漂亮的新衣，但它无视人性人伦的一面与郭巨埋儿并无两样。比如一些小有名气便漂洋过海一去十几年甚至几十年的人，他们美其名曰"为父母脸上争光，为家族光耀门楣"，而实际上能几年十几年甚至几十年不侍奉双亲，这能叫为父母脸上争光吗？孝道不是定期给父母寄一笔赡养费所能表达的。难道他就真的没有时间或想不起给父母打个电话吗？难道他就真的抽不出身每年春节回来给父母刷刷筷子、洗洗碗，唠唠闲嗑、捶捶后背、揉揉双肩吗？也许他们还会振振有词：我还不是想多挣些钱改善父母的生活吗？所以，我们对孝道故事要辩证看待，发扬优点，剔除糟粕，落实行动，让孝敬行为体现出孝道的真谛，别整那些虚头巴脑的东西。

我国也不乏爱国的好故事，但有一些爱国故事中还掺杂着狭隘的民族主义色彩，对这些内容我们还是要辩证识别，将其剔除出去。

三国时有个诸葛亮七擒孟获的故事，诸葛亮为了实现北定中原的大志，决定先稳定西南后方。孟获当时是西南方向的彝族首领，他骁勇好战，杀人成性，经常骚扰蜀汉人民。诸葛亮用奇策出奇兵活捉了孟获，蜀汉将士都主张将他处死，但诸葛亮力排众议，为了让孟获服服帖帖地效忠蜀汉，他先后七次擒拿住孟获又每次都放他回家，终于让孟获心服口服，留下了"七擒七纵"的佳话。诸葛亮忠于蜀汉毋庸置疑，但他为什么不立即处决反叛蜀汉的孟获呢，这正是诸葛亮的高明之处。他深刻认识到孟获并没有吞并蜀汉甚至灭三国立政权的野心，那么，站在蜀汉的立场上，孟获率领的彝族人民就应该是蜀汉团结的对象，所以他摒弃了狭隘的民族主义思想，站在蜀汉王朝的立场上，把平定边疆、悦服子民当成爱国之举。这也是自汉唐至宋明清，我国封建帝王不断采用和戎之策的原因，甚至为了民族团结，帝王不惜把公主远嫁给异族首领。摒弃狭隘的民族观念，求同存异，是我们中华民族能够实现民族大团结和民族共同繁荣的重要原因。

当代中国眼界更高远，胸怀更豁达，站在人类命运与共的高度去和睦邻里，去反对霸权，去调停争端，去促进和平，这既是热爱人民的具体表现，也是普惠人类的壮举。有句话叫作"皮之不存，毛将焉附？"世界就是一个大家庭，中国是其中的一个成员，如果人类大家庭受到了伤害，我们又岂能独善其身？

我国古代还有许多充满传奇色彩的故事，这些故事以惩恶扬善的主题、曲折生动的情节、丰富瑰丽的想象、富于批判的精神吸引了一代代读者，影响了一代代人，堪称好故事。但这些故事中也可能会夹杂一些宿命思想，这是不符合唯物史观的，我们要把它们辨别出来，对它们保持警惕，必要时及时剔除。

《聊斋志异》这本书就是这样，它虽然被誉为"写鬼写妖高人一等，刺贪刺虐入骨三分"的名著，但过多地把成功和幸福寄托在遇个狐仙碰个好鬼上，作者本意是揭露、批判社会的黑暗，但站在当时立场上看，可能会被许多文化程度不高、对社会认识不深的人看成因果逻辑，从而影响了对黑暗现实的抗争，把成功与幸福寄托在因果报应上以求解脱，从而走向更加愚昧和虚无。这当然不是作者创作的初衷，但极有可能带来不良的后果，我们的后世读者要有这样的警觉，当代批评家、教育工作者、为人父母者应将这一点明确地讲解给受教育者，让他们明白。

太阳也有黑子，伟人也有不足，好故事也含利弊，我们对待好故事的正确态度就是辩证吸收，这样才能把握住好故事的"好"，创造出更好的故事。

   本文是从"明辨好故事中的糟粕"这个角度立意的，这个角度在原材料中没有文字表述，属于省略号的内容，也就是说这是写作者自己的创意。正文分为三个部分，依次从孝道故事、爱国故事、传奇故事三个方面举例剖析了它们可能存在的糟粕现象，以肯定与否定的思路构思，给人以思辨的力量。

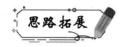

   我们还可以选取其他的材料，以"肯定与否定"的思路写文章。比如将材料缩小为当下的网红故事，分析阐释这些故事中的优秀内容和不良现象。再比如将材料定位于政坛体坛、商业企业、公共管理、教育卫生等领域所倡导学习的好故事，阐释其肯定方面和否定方面。

三、下水作文（3）

【作文题目】

阅读下面的材料，根据要求写作。（2023 年新高考 I 卷）

好的故事，可以帮我们更好地表达和沟通，可以触动心灵、启迪智慧；好的故事，可以改变一个人的命运，可以展现一个民族的形象……故事是有力量的。

以上材料引发了你怎样的联想和思考？请写一篇文章。

要求：选准角度，确定立意，明确文体，自拟标题；不要套作，不得抄袭；不得泄露个人信息；不少于 800 字。

【下水作文】

警惕"好故事"变成"毒鸡汤"

我认为"好故事"的"好"一定要符合"真善美"的标准。人生活在真实的世界中，也只有"真"的事才能让人信其 "好"，如果这事根本就是无源之水、无本之木，是瞎编乱造、空穴来风，它非但不能被称作"好"，反而会贻害无穷，小而言之让人误入歧途，大而言之让人信仰坍塌、怀疑人生。

"善"就是利他但不排斥利己，一味地利他而伤己或一味地利己而伤他都算不上好故事。"美"讲的是好故事的终极价值，是"真"与"善"的升华，一是让故事的创造者与欣赏者都愉悦，二是能让好故事流传得久远。这样看来，下面这些所谓的"好故事"无疑是"毒鸡汤"了。

一是胡编乱造的所谓的"好故事"不仅会将人引入歧途，还可能制造信任危机，甚至带来信仰崩塌。

有一篇叫《尊严》的文章，说石油大王哈默曾是流浪到美国加州小镇的一名年轻人，他执意用劳动换取食物，后来感动了镇长杰克逊大叔，杰克逊大叔便把他的女儿许配给哈默，并预言这个小伙子会因为尊严最后成功。果然，杰克逊大叔预言成真，哈默成了石油大王。这的确是个励志的好故事，但是，后来有人研究哈默的家族史发现，他曾有两任妻子，一个曾是俄国贵族，另一个则来自新泽西州，跟南加州小镇毫无关系，更没有什么杰克逊大叔的逸闻逸事。试想，小学生们如果知道了这个故事是编造的，他们会做何感想？会不会连课本上讲的其他故事也一并怀疑呢？大概是会的！

无独有偶，像爱迪生救妈妈、爱迪生坐鸡蛋上孵化鸡娃也都是不靠谱的瞎编乱造。据说牛顿被苹果砸中了脑袋从而发现了万有引力定律的故事水分也很大。前者我们找个小孩子坐到鸡蛋上试一下谎言就不攻自破，后者据考证真相是这样的，1727 年伏尔泰在《哲学通信》一书中第一次提到苹果树和牛顿发现万有引力有关系，但他并没有说是苹果砸了牛顿的脑袋让牛顿发现了万有引力，后来有人附会了这个故事，此后人们便以讹传讹，风行起一个苹果砸头的故事来。此外，诸如爱迪生救妈妈、富兰克林将钥匙放在风筝上测试雷电、爱迪生痴迷于做试验竟被人打聋了耳朵也都是没有确凿的史料可以证明的。

编故事的人想通过美化科学家来激励后学者的初衷是好的，但编造出的这些故事终究是纸包不住火的假故事，恰恰违反了科学精神，让天真无邪的小孩子再不敢相信大人的话，再不敢相信书中的话，这岂不是坑惨了孩子？这所谓的好故事岂不成了祸害人的"毒鸡汤"？

二是小概率的成功故事非但不能作为引领人的灯塔，反而会成为埋葬一些人大好前程的深渊。

前些年，一些电视台的这秀那秀，演艺界的这丁丁那囡囡，商业界的这星星那月亮，虚拟空间里的发家者，股市里的兴浪者，体坛上的翻江者，政坛上的倒海者，赫赫地红了一把，将青年人甚至少年学子们的心撩拨得骚躁不安，甚至让不少天真无邪的孩子想入非非，妄想也能一夜成名，结果是用大好青春买了把烂单。

有的稍微会哼几嗓子小曲儿就奢望着在星光大道上一举成名，有的刚学几手描眉画眼的三脚猫功夫就认为自己已经是超男圣女，有的干脆赤裸裸跳商海、硬生生撞网墙，甚至一些家长的心也被鼓捣得蠢蠢欲动，结果绝大多数的人都成了别人盘子里的菜，荒废了好年纪，后悔都来不及。

这种危害是小概率成功事件被媒体大肆渲染后引发的蝴蝶效应造成的，这些"小蝴蝶们"脑子一热，见钱喊爹，两眼一红，智商成零，听风跟雨，蜂拥而上，结果是投火的蛾子，非但不能涅槃成凤凰，连化蝶的机会都没有了。

第三是流量制造出的成功故事也不能称作好故事。

流量就像酒精，啥火都能点着，有的靠露露皮囊，有的靠拉拉垫背，有的靠花俩银子，有的老黄瓜涂绿漆——装嫩，有的关公门前耍大刀——自不量力，有的打个骚情卖个老俏，有的是地地道道的托儿。五花八门，丑态毕现。

但这世上眼皮子薄的人偏偏又很多，耐得住寂寞默默耕耘的人偏偏很少，到头来，被别人割了韭菜，自己也成了明日黄花，走上了"进牛肉锅"的不归路。这些所谓成功的好故事的危害就是让那些不明就里的局外人总感叹自己生不逢时、怀才不遇，进而埋天怨地恨社会，其结果，时光流走，钱财散尽，回头一看，自己的世界仍是一地鸡毛。

我们生在这个社会，身边到处都有好故事。那些做父母的尽力养活孩子，做儿女的尽心孝敬父母，做学生的努力求学新知，做老师的潜心教书育人，做警察的竭力保护人民平安，做农民的耕种好自己的田地，做工人的打好自己的螺丝，这些都是好故事，它们的主角也都是值得我们学习的好榜样，因为他们就是"真善美"的化身。而那些瞎编的、小概率的、流量催生的所谓的好故事，哪怕它们金光闪闪，那也是"败絮"的底子，经不起时间的检验，经不起人心的考量，在明眼人看来，它们都是地地道道的毒鸡汤：又馊又臭！

思路解析

本文以"阐明好故事中的糟粕"立意，运用"肯定与否定"的思路分三个部分展开阐述，确立了三个分论点。第一个分论点是：胡编乱造的所谓的"好故事"不仅会将人引入歧途，还可能制造信任危机甚至会让信仰崩塌。第二个分论点是：小概率的成功故事非但不能作为引领人的灯塔，反而会成为埋葬一些人大好前程的深渊。第三个分论点是：流量制造出来的所谓的好故事会引人走上不归路。文章结尾号召人们发现身边凡人凡事中的真善美。

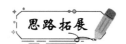

思路拓展

任何事物都是肯定与否定的统一体，也处于肯定、否定、否定之否定的逻辑进程中，我们可以选择自己掌握得牢靠的、有深度的好故事来写，比如当前农业机械化种植活动中的好故事，个人成长过程中的好故事，或者身边品学兼优同学的好故事，肯定它们的价值、否定它们的不足。

四、下水作文（3）

【作文题目】

阅读下面的材料，根据要求写作。（2024年高考新课标Ⅰ卷）

随着互联网的普及、人工智能的应用，越来越多的问题能很快得到答案。那么，我们的问题是否会越来越少？

以上材料引发了你怎样的联想和思考？请写一篇文章。

要求：选准角度，确定立意，明确文体，自拟标题；不要套作，不得抄袭；不得泄露个人信息；不少于800字。

【下水作文】

谈功论过说科技

互联网和人工智能无疑是人类历史上颠覆性的科技成就，一经诞生，造福无数。但常言道：科技是把双刃剑。它一方面解决着人类发展过程中的难题，一方面又常常带来程度不同的负面影响，我们要辩证对待，冷静处理，不可冲动。

众所周知，科技是第一生产力，它解决了人类生产生活中的种种技术难题。

首先，它减轻了人类繁重的脑体力劳动。读过中国古代历史的人应该知道，从人工耒耜耕作到春秋战国时的畜力牵引耕作，是我国农耕科技的巨大进步，减轻了人们的劳作强度。从汉代的长直辕犁到唐代后期的短曲辕犁是农耕科技走向成熟的标志，它不仅减轻了人们的劳动强度，也减轻了牛马牲畜的负担。学习过化学、数学知识的人也应该知道，诺贝尔发明炸药大大减轻了采石工人的劳动强度。从古人结绳计数到算盘计算再到电子计算机运算，大大减轻了科技人员工作的强度。目前，我国建造的神威·太湖之光计算机，每秒钟的运算速度能高达12.5亿亿次，它一分钟的计算能力相当于全球72亿人用计算器不间断计算32年。科技，一次次地将人类从繁重的脑、体力劳动中解放出来。

其次，科技还提高了工作效率。如今，田间耕作再难找到牛马的影子；工厂车间的流水线上是不知疲倦日夜工作的机器臂、机器手；商人再也不用沿街叫卖，网购可以一秒下单50万；警察也不必日夜盯守，电子摄像头可以360°、365天无死角地盯守，DeepSeek让你分分钟成为文秘高手。有了科技的襄助，各行各业的劳动效率成十倍、百倍、千万倍地提高。

再次，科技还提高了人类生活的质量。如今，我们再也不用为身居塞北吃不到岭南的荔枝而发愁了，航空运输技术可以让你随时尝鲜。如今，我们再也不用为了能穿上棉衣戴上棉帽而熬尽灯油、熬穿长夜纺花织布了，纺织科技不仅让绫罗绸缎飞入寻常百姓家，还合成了能为夏天降温的冰丝，能为冬天添暖的羽绒，能到水底探秘的潜水衣，能到宇宙巡天的宇航服。如今，我们再也不必为秋风破茅屋而发愁了，现如今有楼房，有别墅，有地上数十层的摩天大厦，有地下数层的繁华超市，生活在这里，基本可以高枕无忧。如今，我们也不必为翻山越岭、跋山涉水才能相会而慨叹，飞机、高铁不只是朝发夕至，甚至可以一杯茶时间，从北京到天津，一顿饭工夫，从中原到海南。可以说，科技让寻常百姓享受到了连古代帝王都没有享受过的生活。

但科技的确是把双刃剑，它可以解放生产力，发展生产力，也可以囚禁生产力，甚至轰毁生产力。

如果科技被霸权主宰，它就很轻易地变成了剥削人甚至屠戮人的凶器。速度高达几十马赫的飞行器可能是当代飞行科技的天花板，如果不用于防灾救灾运送急需物资，不用于航空航天、探索宇宙，它就极可能携带导弹成为攻击对手的致命武器，事实就是这样。密布天宇的星链，如果不用于发现天灾、预防人祸，它就极有可能沦为侵略者的鹰眼，助其攻城略地、荼毒生灵，事实也就是如此。世界上体量最大的航母，如果不用作海上救援的方舟，那它就极有可能成为跳梁他国的盗船，事实也的确如此。还有那不断惹祸的太空垃圾、无处不在的化工污染、源源不断的核污染水，所以，我们必须用《联合国宪章》为科技加上金箍，必须用世界公约为科技套上笼辔。

如果科技被资本玩弄，它可能很轻易地就变身为灭绝人性的野兽。中国古代神话故事中有吞金不拉的貔貅，有见什么吃什么甚至把自己都吃掉的饕餮，这些貔貅饕餮在现代科技中比比皆是，幕后操盘的黑股市，无底线的校园贷，防不胜防的融资局、婚恋网、酒水托、传销会，哪一个没有科技的参与？多少人因之倾家荡产，多少家庭因之妻离子散，多少朋友因之突然反目，多少青年因之撒手人寰。科技一旦被资本玩弄，它就成了貔貅，成了饕餮，成了杀人不眨眼、食人不吐骨的猛兽烈鬼。头顶三尺公理在，方寸之间是良心，公道良心应该为科技笼缰执辔。

如果科技被自私垄断，它就会很轻易地变成大众的公敌。同一蓝天下，共住地球村，我烈日下挥汗如雨刀耕火种收一囤粮食，你用科技生产的一粒假钻石将我的粮食一股脑地换去；我舍生忘死下矿井挖出一车煤，你用科技制造的指甲盖儿大小的芯片全部换走；我这里全民奋斗日积月攒才得来一块赤金，你用机器印出一沓纸钞将它轻巧置换；我这里堂堂五尺儿、铮铮血肉躯、娘生爹养，你那里却挥着大棒、驾着飞机、开着坦克、端着机枪视我为蝼蚁炮灰。如果你的狼子野心非要用我的血汗成就，那科技就会助纣为虐，让人间的苦难年年岁岁无穷尽，世世代代无绝期。

地球是人类共同的家园，人类只有命运与共、文明共享才能享有长久的太平。作为万物灵长的人类，面对文明使者的科技，我们切莫像古希腊神话中的潘多拉那样，将魔盒打开，放出魔鬼，制造麻烦，带来劫难，封存希望！

　　本文用"肯定与否定"的思维去考量科技的作用，阐释了它的利弊。主体分为两个部分。第一部分是"肯定"科技成就，从"减轻人类脑体力劳动""提高工作效率"和"提高人类生活质量"三个方面阐述。第二部分从"否定"方面谈科技的弊端，主要采用假设论证，假设了科技"被霸权主宰""被资本玩弄""被自私垄断"情况下可能产生的恶果。采用假设论证的方法，使内容含蓄，语言委婉。

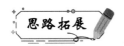

　　我们还可以采用另外的角度，选用另外的材料阐述科技的"利""弊"，体现"肯定与否定"的思维。比如写科技在拓展人类视野、防治疑难杂症、改造人居环境、防治自然灾害等方面的"利"，写科技在制造内卷焦虑、危害人类健康、破坏生存环境、引发人类战争等方面的"弊"。还可以让写作角度更小更贴近生活，比如写科技在衣食住行方面体现出来的"利"与"弊"，甚至写科技在笔墨纸砚的制作、琴棋书画的创作中体现出来的"利"与"弊"。有了思辨的指导，联系现实生活、真实生活，加上认真观察、深入思考，是不愁写出来好文章的。

第十二章 主观与客观

一、哲学阐释

客观指不依赖于人的意识而存在的一切事物。不管人们是否认识到了它、是否知道它、是否承认它,它都存在着。比如万有引力,在牛顿发现它之前就已经存在,尽管人们感觉不到,之前也没有认识它,但自从有了世界它就存在。客观既包括有形的,也包括无形的。

主观跟客观相反,它指被人的意识所支配的一切。主观认识是在不断进步的,主观与客观不断趋于统一,但是在一定历史条件下,主观也存在局限性,要善于发挥主观能动性,但是不能凭空臆断、盲目冒进。

客观决定主观,主观能反映客观,并对客观具有能动作用。当主观正确反映客观,并作用于客观时,对客观事物的发展起促进或推动作用;反之,对事物的发展就起阻碍作用。

二、下水作文(1)

【作文题目】

阅读下面的材料,根据要求写作。(2023 年新高考 I 卷)

好的故事,可以帮助我们更好地表达和沟通,可以触动心灵、启迪智慧;好的故事,可以改变一个人的命运,可以展现一个民族的形象……故事是有力量的。

以上材料引发了你怎样的联想和思考?请写一篇文章。

要求:选准角度,确定立意,明确文体,自拟标题;不要套作,不得抄袭;不得泄露个人信息;不少于 800 字。

【下水作文】

好故事都有感人的底子

好故事数不胜数，随着时代前进，更会如雨后春笋，层出不穷。我发现，无论什么朝代、什么领域的好故事都有感人的"好底子"。

好故事感人大多是因为它们反映了家国大义。

从三过家门而不入、一心为民除水患的大禹，到坚定不移听党话、建功立业新时代的"改革先锋"，中华历史上深明家国大义的好故事数不胜数。这里有苏武北海十九载牧羊的坚贞，有诸葛亮鞠躬尽瘁、死而后已的忠诚，有秉笔直书但留信史耀人间的司马迁，有闻鸡起舞志在收复失地的祖逖，有"我自横刀向天笑，去留肝胆两昆仑"的谭嗣同，有"寄意寒星荃不察，我以我血荐轩辕"的周树人，有"不跪的中国人"孙天帅，还有"打不垮、捶不扁、蒸不熟、煮不烂"的一代代中国科技人。国难当头时，他们舍生取义、杀身成仁，国格受损时，他们挺身而出，血肉成盾。一代代爱国人筑起了中华人民保家卫国、富民强国的钢铁长城。

好故事感人还可能是因为它们体现了公仆之心。

洪水滔天，万民流离，身为王的大禹踏泥过水，日夜巡察水情，思考伏波之法，以至于手生茧、腓无胈、胫无毛，三过家门无暇归，终于用疏导之法缚住泛滥的洪水。汉代廷尉张释之，以"天子犯法与民同罪"的法制，惩治贪污，清除腐败，维护正义，宁可断头也不怕得罪太子和梁王，他深知，唯有法纪严明才能保障人民的权利，使人民免受鱼肉之苦。唐代魏徵深谙载舟覆舟的道理，力劝唐王李世民戒侈以俭，以民为重，虚心纳下，留下无数亲民爱民的佳话。毛泽东不忍心让四万万五千万同胞过着屈辱的生活，他放弃家庭的温暖、生活的安逸，毅然决然地走向宁可被杀头也要济苍生的道路。周恩来从小就立下"为中华之崛起而读书"的远大理想，一生矢志不渝、鞠躬尽瘁。邓小平说："我是中国人民的儿子，我深情地爱着我的祖国和人民。"林县县委书记杨贵带领十万林县人民奔赴太行山，铺架红旗渠，消除吃水用水难的问题，这一干就是十年。兰考县县委书记焦裕禄为了让兰考人民有饭吃有衣穿，他带头治理风沙、内涝、盐碱，这一干就是一生。云南省保山地委原书记杨善洲，退而不休，带领人民治理荒山，育出重重绿海。重庆市下庄村党支部书记毛相林，数十年如一日，带领村民以钢钎铁锤开路，用三色经济富民，铺设出致富路上座座金桥。前赴后继的领路人，薪火相传的新一代，"踏平坎坷成大道"，在为人民服务的金光大道上，他们想人民之所想，急人民之所急，谱写出一曲曲爱民、护民、富民、强民的颂歌。

好故事感人还可能是因为它们体现了军民同心。

"岂曰无衣？与子同袍"，《诗经》里军民同心、上下一体的铿锵呐喊传唱千年；"十年生聚，十年教训"，《左传》中人民与越王同仇敌忾一举灭吴的故事震古烁今。军民同心，其势断金；军民一体，所向披靡。不断完善的"三大纪律、八项注意"是中国共产党领导下的人民军队为民、爱民、护民的钢铁规范。抗日路上，看到老乡家大人孩子连一条被褥也没有，3名八路军女战士将她们三个合盖的仅有的一条被子执意要送给老乡，老乡过意不去，说啥也不肯接受，3名战士就将被子剪成两半，将半条被子送给老乡取暖，这"半条被子"的故事是中国军人为民、爱民、护民的生动体现。解放战争时期，人民解放军宁可冒着大雨、忍着饥寒在城市的马路、街头席地露宿也绝不向居民请求借宿。军爱民、民拥军，从井冈到延安，从延安到北平，从北平到全国，中国到处涌现了父送儿参军、妻送夫参军、男女老少齐动员支援前线的动人场面。中国共产党领导下的革命是为人民的革命，人民是中国革命的力量源泉，军民同心是中国革命的制胜法宝。

家国义、公仆心、军民爱，夫妻情、邻里恩、同窗谊……中华好故事体现在生产生活的方方面面，播撒在神州大地的角角落落。

让我们记住这些好故事，领悟它们的博大思想，传承它们的伟大精神，让人民更幸福，让国家更安定，让天下更太平。

本文以"好故事可以触动心灵""好故事可以展示形象"立意，以"好故事都有感人的底子"作为中心论点，从"家国大义""公仆之心""军民同心"三个方面阐述了好故事的感人底子。从这些好故事对人们的影响来看，它们是客观的，从读者受到的教益来看，它是主观的。

上文结尾部分还谈到了"夫妻情""邻里恩""同窗谊"，这些方面都会有感人的故事，都可以作为我们写作的角度，也都可以用"主观与客观"的思维组织材料，写出它们的客观存在和在读者心中产生的主观感受。

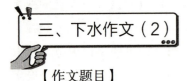

【作文题目】

阅读下面的材料，根据要求写作。（2023年新高考I卷）

好的故事，可以帮我们更好地表达和沟通，可以触动心灵、启迪智慧；好的故事，可以改变一个人的命运，可以展现一个民族的形象……故事是有力量的。

以上材料引发了你怎样的联想和思考？请写一篇文章。

要求：选准角度，确定立意，明确文体，自拟标题；不要套作，不得抄袭；不得泄露个人信息；不少于800字。

【下水作文】

好故事的价值体现在学习后的实践中

好故事千千万万，涉及各行各业，体现各种优秀作风和高尚精神，但那都已经成为过往，是历史的丰碑。我们要学习它们，学习之后这种软实力就会变成我们身上的潜力股，要想让潜力股产生实效，就不能只让它们印在书册中、留在青史里、躺在书架上、停在口头上，而要实践。

为官者当有体恤之情，并将体恤之情化为安民之政、惠民之策、富民之举。

林县县委书记杨贵就是优秀的地方官，他不忍心看到林县人民吃水比吃油还难的现实，不忍心看到林县人民因为无法抗旱致使农作物颗粒无收、不得不逃荒要饭的惨状，不忍心看到林县的男子娶不来媳妇、姑娘待不下家乡的现状，决心带领当地人民开凿出水渠来解救林县危机。于是，他号召并带领十万林县人民，发扬一不怕苦、二不怕死的精神，硬是凭着双手、铁锤和钢钎，从遥远的山西，环山穿岭引来漳河之水。没有石灰，林县人民用木柴和石头自己煅烧；没有水泥，林县人民靠土法自己制造；没有炸药，林县人民自己配制。为官一任，造福一方，只要心中装着人民，干劲儿就足，浑身都是胆，满身都是劲，满脑子都是办法，扬起手就是赫赫战果，迈开步子就是光明大道，勤劳质朴的林县人民创造出了世界级的奇迹。70年过去了，当年修建成的长达1500公里的红旗渠至今仍在将漳河水源源不断地送到千家万户的田间地头，解决着数十万亩的土地灌溉和近百万人民的饮水问题。林县十万人民用十年实干，用80余名群众的生命为代价解决了历史上数千年没有解决的难题，打造出了世界第八大奇迹，书写了"人定胜天"的神话。

这样实干的好故事数不胜数，为治水三过家门而不入的大禹，虽然被贬但仍然心系苍生不忘兴利除弊修筑长堤的苏轼，带领人民抗击风沙、盐碱、内涝三大自然灾害的焦裕禄，扶贫路上献出年轻生命的大学生村官黄文秀，他们哪一个不是实干的典范?

假若把这些为官一方的清官、廉官、真正的父母官精神只留在文件夹子里,只留在摆拍、作秀里,只留在三分钟演讲、数年数月的尘封里,甚至留在讥讽、嘲笑中,那么,即使有了这些好故事又有什么用呢?

早些年有一个文案是这样讽刺某些官员的:上午围着轮子转,中午围着盘子转,下午围着桌子转,晚上围着裙子转。虽然讽刺的是个别官员,但这也绝不可能是个案,这话入木三分地揭批了为官者的不正之风,应该让某些为官者惊醒,吓出一身冷汗才对。当官就得为民作主,干不干,干得实不实,干得好不好,可不是天知、地知、你知、我知的饭圈内的事,群众的眼睛是雪亮的,民心自是一杆秤。

治学者当有务实求真的精神,应当求真知、得真识、讲实效。

钱学森突破美帝国主义的重重封锁回到祖国致力于导弹研究,因为他知道,美帝国主义的核威胁、核讹诈卡着我们的脖子。袁隆平躬耕陇亩,风里来雨里去,曝霜露,斩荆棘,致力于杂交水稻的研究,因为他知道,数亿人民长期空着肚子是无法谈社会主义制度优越性的,世界绝大多数人空着肚子,是无法谈和平与发展的。屠呦呦受葛洪《肘后备急方》中那句"青蒿一握,以水二升渍,绞取汁,尽服之"的启发,探幽发微,见微知著,洞察先人智慧,提炼出人类治疗疟疾的青蒿素,因为她知道,如果不能用中药去攻破世界级难题,就难以让中医药文化走向世界舞台的中心。

治学者当求真知,真知就是解决实际问题的有效方法,倘若研究的是屠龙术,是分解水得到氢氧燃料的内耗术,是熟鸡蛋孵出小鸡的还春术,是拿鼠头置换鸭首的易容术,是打鸡血提神的巫觋术,那岂不是丧尽天良的下三烂吗?

综上所述,琴不抚不振,鼓不敲不响,神不抖不扬,人不用则废。再好的故事,再伟大的精神,不去践行或虚假地践行,那就是不明、不智、不仁、不义!

本文从"践行好故事精神"角度立意,用"主观与客观"的思路结构全篇,从"当国者""为官者""治学者"三个角度选材,阐释了如何将好故事的影响落实到各自的行动中去的论题,颇具针对性。

我们还可以用上文的中心论点和写作思路选取其他方面的素材写文章,比如为师者,为医者,为父者,为母者。当然,我们还可以另外立意,运用"主观与客观"

的思维结构材料，表现自己独特的联想与思考，比如国际军事和谈成功故事中的主观与客观因素，所在学校优秀教师感人故事里的客观与主观因素，或者写我们在落实学习好故事精神时需要的主观与客观条件等。这些都符合作文材料中"引发了你怎样的联想和思考"的写作要求，这样写出来的文章是真实的，也是独特的。

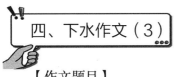

四、下水作文（3）

【作文题目】

阅读下面的材料，根据要求写作。（2024 年高考新课标Ⅰ卷）

随着互联网的普及、人工智能的应用，越来越多的问题能很快得到答案。那么，我们的问题是否会越来越少？

以上材料引发了你怎样的联想和思考？请写一篇文章。

要求：选准角度，确定立意，明确文体，自拟标题；不要套作，不得抄袭；不得泄露个人信息；不少于 800 字。

【下水作文】

中国科技引领人类文明

科技成果，尤其是近些年来迅速发展起来的互联网和人工智能技术，帮助人类解决了生产生活中的一个个难题，是人类的福音。作为"世界四大文明古国"之一的中国，在很长一个历史时期，科技曾经领跑世界。近两百年来，我们有辉煌、有低谷、有停滞，更有奋起拼搏，弯道超越，可谓踏平坎坷成大道，一路辛苦一路歌。

生存出智慧，我们中华科技史是一部光辉的生活改进史。

为了采摘野果、获取野兽，北京人用摔击、锤砸的方法，将石块敲打成粗糙的石器。为了清除枯根朽茎、松解泥土，使粮食作物更好地生长，人类又打磨出了可以刀耕火种的新工具：石镰、石磨、石棒。认识到坚韧、锋利的工具可以更好地农耕，先人们发明了铁、铜冶炼术，生产出了耒耜斧锯、刀剑锛犁。中华先民们在与大自然的相处中，一面顺应自然，一面改造自然，一面积累智慧，智慧的结晶之一便是科技。生活愈来愈丰富，需求愈来愈多样，科技愈来愈发达，人们发明了推车、拉车、牛车、马车，发明了木筏、竹筏、皮筏、橡胶筏，发明了甲骨文、金文、大篆、小篆、隶书、楷书、草书、行书。人们还发明了用于书写的笔墨纸砚，用于观测自然的天文历法，用于保家卫国的刀枪剑盾，用于攻城略地的冲车云梯，用于保障人民丰衣足食的农林牧渔，用于扩大交流、记载文明的指南针、造纸术、印刷术、火药。

中国科技在世界文明发展史上一路领先，光辉灿烂，并将这些成果与世界人民共享。张骞通西域送去了丝绸、玉器、漆器、铜器的制作技术，鉴真东渡日本带去了豆制品加工技术，郑和七下西洋将指南针、造船术、航海术传给所经国家和地区，中华民族在自求生存和为人类共谋生存中创造了灿烂的科技文明。

对手激发能力。我们中华科技史也是一部浴火重生的自强史。

自 1840 年开始，侵略者用烟枪和大炮打开了中国的大门。1842 年，第一次鸦片战争失败，清政府被迫同英国签订了《南京条约》，中国开始沦为半殖民地半封建社会。1894 年，日本战舰寇犯黄海，中日甲午海战开始，李鸿章苦心经营的素有"亚洲第一海军"之称的北洋水师经此一战却全军覆没，清政府被迫于 1895 年同日本签订了《马关条约》，自此西方列强掀起了瓜分中华的热潮。1901 年八国联军侵华战争得逞，逼迫清政府签订了丧权辱国的《辛丑条约》，从此，中国彻底沦为半封建半殖民地社会。

在这些战争中，清政府失败的原因是多方面的，但科技的落后无疑是致命的因素。在第一次鸦片战争中，敌人开着军舰架着大炮侵略我们，清军用的还是弓箭和刀矛。在中日甲午海战中，日本海军装备的是一分钟可以发射 5 到 10 发炮弹的速射炮，而北洋水师用的还是三分钟才能发射一枚炮弹的 305 毫米主炮。日本海军使用的是能炸毁整条战船的炸弹，而北洋水师使用的是仅能撞损舰体的以沙石填充的实心弹。

中国的抗日战争是一段惨烈的战斗史，日本帝国主义的轰炸机如入无人之境，从东北炸到上海，从上海炸到北平，从北平炸到南京，从南京炸到武汉，从武汉炸到云南，从云南炸到四川，从四川炸到重庆。平津危急！华北危急！中华民族危急！炮火硝烟中的中国人彻底认识到落后就要挨打的惨痛现状，以西南联大优秀师生为代表的中国科技工作者保留了中国科技的火种，掀起了科技救国的热潮。中华人民共和国成立后，中国共产党领导下的中国科技工作者突破重重关卡，顺利完成"两弹一星"研制工作，接着，大国重器相继横空出世。

如今，帝国主义对我们的技术封锁有增无减，他们不允许我们参加国际空间站研究，我们自己便建造了世界上最先进的空间站——中国空间站。他们用网络掌控我们，给我们使绊子，我们用 56 颗吉星组成了 100% 自主可控的"北斗三号"天网。他们想用反导系统对抗我们，我们研发了时速高达十数马赫的钱学森弹道导弹东风—17，使命必达、无可阻挡。他们在商用大飞机售卖上垄断价格鱼肉我们，我们自主研发了 C919 大飞机。他们用航空母舰挑衅我们，我们完全自主设计出了世界上最先进的电磁弹射航母"福建舰"。我们还建成了大型电子对撞机，建成了神威·太湖之光超级计算机，建成了散裂中子源科研平台。同时，我们打破国外技术垄断和价格垄断，生产出了具有更高性能更优价格的一系列国产医用设备——重粒子加速器、核磁共振、CT、彩超机，不仅造福国内患者，而且漂洋过海造福世界人民。中国科技在重重压力、阻力中浴火重生，站到了世界的前列。

时势呼唤英雄，我们中华科技必将成为惠泽全球人民的光辉文明。

人类文明只会越来越先进，人类的生产和生活只能越来越如意，当前的百年未有之大变局必将趋向稳定，冲突必将过去。站在人类命运与共、全球利益一体的高度放眼未来，科技一定要站在人类文明的最前沿，为整个人类服务。在这个方面，中国科技工作者当仁不让，一马当先，奇迹不断。

港珠澳大桥创造世界桥梁史上的奇迹，采用"岛隧主桥一体化"方案建成通车，不仅沟通了国内三座都市，而且连通了东南亚地区，加强了东盟各国的交流合作。中欧班列呼啸前进，加速了"一带一路"沿线建设，惠及沿线数十个国家和地区的人民。以天和核心舱、梦天实验舱、问天实验舱和神舟、天舟飞船组合成的中国空间站面向全世界开放科研空间。极地雪龙2号破冰船在1.5米厚的冰层中破冰前行，奋斗者号坐底马里亚纳海沟对地球最深处探秘，并将成果分享全球。着眼人类未来命运的500米大口径球面射电望远镜正搜寻着外星的文明，探求着生命的起源；怀柔一号正探索着黑洞、中子星等致密天体的形成和演化；"悟空号"已开启了我国对暗物质粒子研究的进程；DeepSeek向全球开源，打破知识垄断，让AI技术飞入寻常百姓家。从海洋到陆地，从陆地到太空，从过去到未来，中国科技的发展水平已经逐渐在世界占据重要位置，这是全世界劳动人民的共同福音。

前事不忘，后事之师，在人类和平与发展的方舟上，我们中国永远是定海神针和压舱磐石，我们中国科技带着服务人类而来，突破霸权、扼制、垄断、封锁，以卓有成效的业绩引领人类文明走向新的辉煌！

思路解析

客观决定主观，主观也反作用于客观，人类是在适应客观环境、顺应客观规律中生存，又在主动改造客观环境、利用客观规律中发展，人类文明是主客观相互作用的结果。

本文主体部分着眼中华科技，阐述中华民族在适应客观环境、顺应客观规律中主动创造科技的现象，突出了中华民族在利用科技改造客观环境、改变自身境遇、提升自身能力、引领世界文明方面的"主观与客观"因素。

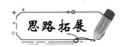

思路拓展

本文选择中华科技作为材料，内容比较宏大，我们写作时还可以缩小选材领域，从某一局部落笔，运用"主观与客观"思维探讨其科技发展的主客观因素，比如深入阐述我国"两弹一星"科研成功的主客观因素，深入阐述虚拟经济迅速发展的主客观因素，深入阐述我国知名企业如华为、福耀、格力、娃哈哈等兴旺发达的主客观因素等。

第十三章 部分与整体

一、哲学阐释

整体是构成事物的诸要素的有机统一，部分是整体中的某个或某些要素。世界上的一切事物、一切过程都可以分解为若干部分，整体是由它的各个部分构成的，它不能先于或脱离其部分而存在，没有部分就无所谓整体。部分是整体的一个环节，离开整体的要素只是特定的他物而不称其为部分，没有整体就无所谓部分。

整体和部分的划分是相对的，某一事物可以作为整体包容着部分，该事物又可以作为部分从属于更高层次的整体。

整体是部分的有机统一。整体中的各个部分不是单纯地叠加或机械地堆积，而是以一定的结构形式互相联系、相互作用着的，从而使事物的整体具有某种特有的属性和规律。事物作为整体所呈现的特有属性和特有规律，与它的各个部分在孤立状态下所具有的属性和规律有质的区别，它不是各个部分属性和规律的简单相加。

事物的整体及其各个部分都处于不断运动变化中，并且受到环境改变的制约。事物的部分发生变化会影响整体，乃至破坏原来的整体，构成新的整体；整体的变化也会影响其各个部分，出现排除某些部分或吸引新的环节成为其部分的现象。部分与整体之间的关系不是静态的，而是动态的。

科学的认识方法要求人们既要研究部分，又要考察整体，并把二者有机地结合起来。用战略解决全局性问题，用战术解决全局中某个局部的问题。

二、下水作文（1）

【作文题目】

阅读下面的材料，根据要求写作。（2023 年新高考 I 卷）

好的故事，可以帮助我们更好地表达和沟通，可以触动心灵、启迪智慧；好的故事，可以改变一个人的命运，可以展现一个民族的形象……故事是有力量的。

以上材料引发了你怎样的联想和思考？请写一篇文章。

要求：选准角度，确定立意，明确文体，自拟标题；不要套作，不得抄袭；不得泄露个人信息；不少于 800 字。

【下水作文】

好事行一生　好风传万代

有一句歌词是"好人一生平安"，我认为，好人之所以一生平安，是因为他一生存善念，一生行善举。社会的主体正是这样的人，正是这样的人形成的良好社会风气，才保证了更多人的一生平安。

但是，一个人做一件好事容易，一生一世都做好事很难，我们要一生为善。

雷锋同志一直是我们全国人民学习的好榜样，毛泽东主席曾题词：向雷锋同志学习。他是勤俭节约的榜样也是无私奉献的模范，自己的衣服鞋袜补了又补还不舍得换掉，却用节省下来的津贴帮助他人：灾区人民、贫寒家庭、失学孩子、孤弱老人。上班时间他努力工作、扶助同事，下班之后或周末节假日时间，他又到街道路旁、工厂车间、车站工地为人民服务。

重庆市巫山县竹贤乡下庄村党支部书记毛相林，被人民群众誉为"当代愚公"。他立志带领大山里的人们实现脱贫致富。要想脱贫致富就得既修路又发展产业，当时，最大的困难就是打通下庄村与外界联系的道路，为了改变交通闭塞的现状，他身先士卒，带领村民用铁锤和钢钎一点一点地凿，一寸一寸地挖，一米一米地铺，历经 7 年，以牺牲 6 位村民生命的巨大代价，终于在悬崖峭壁上修出一条"天路"。为了发展产业，他听说漆树值钱，就带领几个青壮年爬上海拔 1000 多米的原始森林挖回野生漆树，在村里培育出 2 万余株，没想到当年夏天这些漆树全部被热死了。后来他又带领村民放养山羊、种桑养蚕，但都失败了。屡战屡败的经历使他明白了"要懂科学，不能蛮干"的道理，他请农业专家对下庄村的气候、土壤、环境进行全面的考察分析，确定了发展柑橘、桃树、西瓜三大产业的思路。历经 13 年，终于探索培育出"三色"经济，使村民们彻底脱贫致富。风风雨雨十几载，毛相林在下庄村留下了无数可歌可泣的好故事，他被评为"全国脱贫攻坚楷模"和"感动中国人物"，实至名归。

在中华大地上，一生做好事的人数不胜数。一生躬耕田间，一生探索水稻栽培技术的袁隆平；隐姓埋名 30 载，将毕生心血献给祖国国防事业的科学家于敏；为我国航空母舰与舰载机事业呕心沥血、鞠躬尽瘁的总工程师罗阳；为发掘整理我国敦煌艺术果断放弃京城舒适生活，远赴黄沙漫漫的边疆，一奋斗就是一生的樊锦诗。

这些人不慕名、不逐利、不争权、不夺势，心向祖国，俯身为民，一生做好事，成为彪炳千秋的世间楷模，人民功臣！

一个地区出现一个好人、一件好事容易，一个地区出现百村万户齐行动、做好事的现象很难，而在我神州大地，这样的地区比比皆是。

山东淄博烧烤火起来了，并不是因为那烧烤用料有多么的讲究，做工有多么的精细，味道有多么的独特，而是整个淄博人民那种共迎神州客、喜待天下宾的热情感动人，他们把最好的宾馆留给游客住，把最好的停车位留给游客用，把货真价实的食品端给游客尝，把诚实守信的理念融入商户的灵魂深处，并转化为实际行动，他们甚至把烧烤店里最佳的席位让给外地游客坐，热情好客的故事在淄博这个自齐国开始就重视礼仪的地方蔚然成风。

杭州科创火起来了，阿里巴巴，娃哈哈纯净水，农夫山泉矿泉水，知名企业如雨后春笋崛起。西湖大学成立，亚运会举办，"杭州六小龙"称霸科技圈，杭州不断吸引着全国人民的注意，杭州成了科学城、科研城、科创城，书写人类数字文明的好故事，吸引着数字领域的专家、学者、创业者、就业者云集杭州。

当前，一些地区或大力弘扬当地传统文化，或大力发展本地特色经济，或全力搭车最新科技，形成自己的特色品牌，这是一种很好的引领。

好故事在校园内传播容易，在社会上流行很难，我们要让好故事在社会上蔚然成风才能最大限度地风化人民。

学校有课堂，有教师，有班会，有社团活动，好故事很容易产生教育效果，让众多学生从中受益。而社会上人员分散，活动单调，人们的道德水准、人文素养也参差不齐，要让好故事充分发挥作用，确实不容易。

所以，我们要抓牢学校教育这块主阵地，把好人好事宣讲好，让它的精神入心，让行动落地。比如为同学们搭建起阅读优秀报告文学的平台，给学生们提供重温百年党史的机会，安排同学们观看感动中国年度人物颁奖大会，组织学生们参观中华英烈纪念馆，等等。青年学生是祖国的未来，要让他们在学生时代就知好事、学好事、做好事，使校园内的好故事层出不穷。

当然，我们绝不能降低对社会教育的要求。国家机关要照章办事，服务人民；企事业单位要干事创业，以业绩说话；个体经营者要遵纪守法，诚信经营；社区街道要互帮互助，亲如一家。社会风气应该成为锤炼人的大熔炉，决不能成为教唆人的大染缸，立正气、树新风、教化人民是每个公民的应尽职责。

有句俗话说得好：好难好难。意思是想把一件事儿往好处办，就一定会有很多困难，但正是我们把这些困难克服了，把前进中的问题解决了，方显出个人风度，方见出地方风采，方展现国家风格。

让我们一生一世学好事、做好事，让我们自己，让我们的学校、家庭，让我们的国家、民族为人类千秋万代的和平与发展创造出更多更好的故事。

思路解析

本文针对材料中"好故事可以展现形象""可以改变命运"角度立意，按照"部分与整体"的思路论述。主体部分包括两大部分三个层次。第一部分由"一人做一件好事"，写到"一人一生做好事"，体现了从部分到整体的关系，这是第一部分的第一个层次。第一部分的第二个层次由"一个地区的一个好人做一件好事"写到"这个地区千家万户掀起做好事的风气"，也体现了从部分到整体的思路。第二部分写培养做好事的风气，要从学校课堂扩大到社会的各行各业，仍然体现的是部分与整体的思维，这是全文的第三个层次。

思路拓展

我们还可以用"部分与整体"的思维，选取其他的角度立意。比如好故事在增进国际友谊中体现出的部分与整体思维，不同国家政治制度不同，民俗文化不同，也只能在"和平与发展"的大局下取得部分的一致，允许局部的差异，这与我国所倡导的国与国之间要求同存异、多元并存的方针是一致的。还可以从小的方面写家庭生活中子女对父母赡养中的"大孝"与"小不遵"，父母对子女教育的"大处着手"与"小处放手"等，这些做法，都能着眼全局，承认差异，都是好故事。

三、下水作文（2）

【作文题目】

阅读下面的材料，根据要求写作。（2023年新高考Ⅰ卷）

好的故事，可以帮助我们更好地表达和沟通，可以触动心灵、启迪智慧；好的故事，可以改变一个人的命运，可以展现一个民族的形象……故事是有力量的。

以上材料引发了你怎样的联想和思考？请写一篇文章。

要求：选准角度，确定立意，明确文体，自拟标题；不要套作，不得抄袭；不得泄露个人信息；不少于800字。

【下水作文】

对好故事的内容不应"吹毛求疵"

金无足赤，人无完人。好故事也不一定都是十全十美的，一味地苛求在对待任何事情上都会有吹毛求疵之嫌，对待好故事也是这样。

有的好故事可能是话糙理不糙，我们要把握住好故事的本质属性。

电影《芳华》中有这样一段故事，在对越自卫反击战中失去右臂的刘峰退伍后以蹬三轮车谋生，某一天却被自称联防队的几个小青年敲诈勒索，这一幕恰好被经过这里的郝淑文看到。郝淑文是刘峰的战友，现在已是家庭主妇，也是贤妻良母，但当她看到这一幕时却对这几个小地痞破口大骂："我操你妈！"这句台词与该电影高大完美的主题似乎并不协调，但这句骂词恰恰是话糙理不糙，成就了一段非常动人的故事。军人的血性，战友间的真情，对正义的维护，对丑陋的愤怒，全都通过这句话表现出来了，而且这句话是一向温柔贤惠的郝淑文骂出来的，艺术的真实性与典型性得到了完美呈现。电影《高山下的花环》中雷军长骂那个护犊子的贵妇人的那句话也有这样的效果："奶奶娘，什么贵妇人，一个贱骨头！真是狗胆包天！"临上战场，这个贵妇人却打电话给雷军长要求不能派她儿子上前线，面对这样的事，作为一军将领的雷军长能不发火吗？尽管这位贵妇人还是雷军长的救命恩人。现实生活中，话糙理不糙的故事还有很多，比如"亲兄弟，明算账"，再比如"咱们把丑话说到前头"等，这些话都是人们在长期生活中总结出来的人生真理，听起来似乎不近人情，运用到生活中，往往会使你事事顺利，成就人际交往的好故事，因为它话糙理不糙。

好的故事更可能是人糙事不糙，行动中才能见真情，我们要把握住事件的大方向。

《水浒传》中的鲁达和李逵可谓性情暴躁、为人粗糙，与温文尔雅的士大夫作风格格不入，拿到当今也不属于优秀素养。但鲁达该出手时就出手，三拳打死祸害一方的镇关西，救下金翠莲父女。李逵路见不平一声吼，他受不了宋江的弯弯绕绕，当他听说宋江抢了刘太公的女儿要让她做小妾时，怒从心头起，胆自本性生，不由分说，抢起板斧将山寨里"替天行道"的大旗砍断。他骂宋江："你若不把刘太公的女儿还他，我早晚杀了你！"这些故事中的人虽然粗糙，但故事并不粗糙，行侠仗义、除暴安良正是英雄好汉的追求，自然会形诸生活，如果都像当年的林冲那样前怕狼后怕虎，都像宋江那样在自由与专制之间摇摆不定，那么，封建王朝会一直持续到现在。好在，人类毕竟有文明，那些在高压政治下敢于抛却身家性命、揭竿而起的草莽英雄、绿林好汉正是黑暗社会里真正的英雄，因为他们的行为循天道、合民心、顺民意，可谓人糙事不糙。

好的故事还常常表现为事糙情不糙，我们要品透故事中蕴含的情感。

春秋时，介子推割股报君的故事初读时会让人觉得他很愚忠，细细品味却能感受到臣子可贵的忠诚，他的行为小而言之是为人主，大而言之是为国家，深而言之是坚守了中华优秀传统文化。介子推是这样，战国时的程婴也是这样，为保护龙脉国运，他甚至不惜拿亲生骨肉的命换回落难太子活着。三国时血战长坂坡的赵子龙也是这样，为了救出幼主，他无惧血溅透铁甲。南宋抗金名将岳飞更是这样，为了维护皇权国威，即使自己被扣上了"莫须有"的罪名含冤屈死风波亭，也决不让儿子岳云反抗，以免落下弑君的罪名，身与名俱可灭，但让岌岌可危的宋王朝失去皇权国威，以至民心离散那无疑是雪上加霜，甚至会带来亡国灭种的灾难。

《水浒传》第十回《林教头风雪山神庙　陆虞候火烧草料场》被选入某本读物时，结尾部分做了修改，我曾好奇地将这一段与原著对比，发现原著中描写林冲对陆虞候剜心摘肝的片段露骨且血腥，选入该书时编者可能出于保护读者的考虑，做了概括式、模糊化处理。这样一处理，林冲只是杀了作恶多端的陆虞候，林冲的仇是报了，冤是雪了，但那种背叛之痛、夺妻之恨、追杀陷害之仇仿佛还郁积在英雄心中，英雄的血性就被稀释了许多，英雄的气概就短了许多，与读者共情的力量也就弱了得多。

太阳有黑子不减其光热，月亮有风晕不改其明媚，好的故事自然有好的内涵，好的形式，如果我们发现代代传颂的好故事中有那么几处有失风骚、略输文采，甚至有些鄙俗、有些不合人性的情节时，不妨深思一下，可能这正是话糙理不糙、人糙事不糙、事糙情不糙的精彩之处。

本文从"好故事可以启迪智慧"的角度立意，用"部分与整体"的思维写作，分三个层次。第一个层次写"有的好故事可能是话糙理不糙，要把握住好故事的本质"，第二个层次写"好的故事更可能是人糙事不糙，要把握住事件大方向"，第三个层

次写"好的故事还常常表现为事糙情不糙，要品透故事中蕴含的情感"。这三个层次之间呈层递关系，每个层次内部体现的是"部分与整体"的思维。

思路拓展

我们还可以选另外的素材阐释上文的立意，生活中这样的素材很多。我们还可以选取材料中其他角度或自定角度立意，比如探讨一个国家不同历史阶段好故事的全国性特点和区域性特点，体现部分与整体的思维。改革开放政策实施之初，我国整体的计划经济与部分区域商品经济并行的故事，以上是往大处写。也可以往小处写，往身边事上写，写一写身边、自己家庭甚至自身的整体优点和部分不足的故事。当然写自己身边、自己家庭或自身时也可以截取某一个时间段来写。写身边事时还可以写成记叙文，记叙文也可以蕴含部分与整体的辩证思想。

四、下水作文（3）

【作文题目】

阅读下面的材料，根据要求写作。（2024年高考新课标Ⅰ卷）

随着互联网的普及、人工智能的应用，越来越多的问题能很快得到答案。那么，我们的问题是否会越来越少？

以上材料引发了你怎样的联想和思考？请写一篇文章。

要求：选准角度，确定立意，明确文体，自拟标题；不要套作，不得抄袭；不得泄露个人信息；不少于800字。

【下水作文】

科技研究应侧重民生领域

当前，科技正以人类历史上前所未有的速度到处呈现出井喷之势。这边度娘刚刚为人类查找知识架上金桥，那边AI已经能够创造知识了；这边刚有一个APP搭建起交流的圈子，那边ChatGPT已经开启了人机对话；这里刚有机器臂能端盘子会送碗能打螺丝会搬砖，那里已经有仿真机器人可聊天、可情感陪伴甚至大有代管孩子替生娃的奇效；这里刚刚编好了一个电子程序，那里就已经出现了脑机接口、意识驱动。

一日千里的科技发展仿佛要将人类数千年来悬而未决的难题一网打尽，还要将这个世界弄个天翻地覆。天圆地方的旧观念早被打碎，世界屋脊上竟藏有海底的秘密。马里亚纳海沟最深处每平方米承受着2100头大象的压力，但那里依然有生命的奇迹。千里眼、顺风耳司空见惯，上九天揽月，下五洋捉鳖已是轻而易举。连拔根毫毛就可以变出一个猴哥的神话也不再稀奇。

毋庸置疑，科技推进了人类文明整体的发展，而且是又好又快，但平心而论，它在破解人类疾病方面还显得踟蹰不前。

虽然，青霉素使致命细菌成为历史，器官移植给脏器衰竭者带来了曙光，放疗化疗延长了癌症患者的生命，但肆虐的病毒还没有找到真正的克星，艾滋病还是不治之症，治疗癌症还摆脱不了"杀敌一千，自损八百"的套路，渐冻症的病因还是谜语，糖尿病已被定性为不死的癌症，就连流行性感冒还日复一日、年复一年地折磨着对其束手无策的人群。

科技一边减轻着人类肌体劳作的痛苦，一边撕裂着人们心灵的距离。人类将大量的人力、物力、财力投放到研发高精尖武器上面，他们能将武器的速度提高到十几甚至几十马赫，能将武器的精度准确到一万公里之外的一米见方的目标，他们能将武器杀人的威力提高到可以将地球上几十亿人的生命一下子抹去，但是，很少见谁将大体量的人力、财力、物力投向攻克疑难杂症，作为人类文明的传承发扬者，这样的置若罔闻，这样的无动于衷真是匪夷所思。

科技在帮助人类创造财富方面可谓首屈一指，但在如何用创造出来的财富公平、合理地反哺人民，改善民生方面做得可谓微乎其微，有的甚至依然对人民压榨盘剥、敲骨吸髓。

金融机构原本是为创造财富加油助力的，但很多却甘愿被绑在资本的战车上向着人民的家园恣意冲杀，它们拜倒在基金、股市的石榴裙下被肆意地玩弄，它们有的作了埋葬财富的陷阱，有的成了伸向人民的魔爪。科技催生出来的一款款炒股软件、一方方借贷平台、一个个带货神店、一批批流量红颜，有多少不是朝着劳动人民张开的血盆大口呢？它们对人民的作用甚至连旧时代的当铺都不如。

网购是方便人民群众的，但一些无底线的价格战剥夺了生产企业的合理利润，使企业经营举步维艰，一些低门槛的准入制度使成本昂贵的实体店难以为继，比例小得几乎可以忽略不计的违规成本使许多经营者质量与诚信的防线失守，假冒伪劣大行其道。唯流量是举的机制又使某些经营者的恶俗表演升级为群魔乱舞，极尽能事地恶搞、歪曲、诋毁、谩骂，涤荡着人类文明的千年积累，更有那乘虚而入的资本、推波助澜的黑手、"明知刀俎却甘为鱼肉"的吃瓜看客。所以，科技催生的某些网购、直播带货在"折腾"财富的过程中并没有给商品和服务带来多少增值，却动摇了稳定的经营，削减了诚信的价值，产生了贫富的分化，造就了变相的失业，不仅没有解决人类面临的困难反而挑起了生产生活中的诸多麻烦。但是，毋庸置疑，科技永远是第一生产力，正是科技完成了以机器代替手工劳动的第一次工业革命，结束了封建专制，兴起了资本主义。正是科技推动着资本主义经济的快速发展，实现了自然科学研究的重大突破，产生了难以计数的技术和发明，这些技术和发明被运用到生产中，迎来了人类文明的又一个春天，世界由"蒸汽时代"进入了"电气时代"，完成了近代史上的第二次工业革命。正是科技，让信息控制掌控了科学的高地，实现了以原子能、电子计算机、空间技术为主要标志的第三次工业革命。还是科技，让人类在 21 世纪的第二个十年，开启了以人工智能、新材料技术、虚拟现实、量子信息技术、清洁能源以及生物技术等为突破口的绿色工业革命。

前三次工业革命使得人类发展进入了空前繁荣的时代，与此同时，也造成了巨大的能源、资源消耗，付出了巨大的环境代价和生态成本，急剧地扩大了人与自然的矛盾。进入 21 世纪，我们人类不得不面临全球能源与资源危机、生态与环境危机、气候变化危机等多重挑战，对工业进行绿色革命，迫在眉睫！

科技的目的就是解放生产力和发展生产力，它自始至终应该给我们人类提供更好的生存、生活条件和促进发展，万万不可被资本捆绑，被剥削玩弄，被流量带节奏，被刽子手操纵，这样的科技才是我们人类文明的丰碑，这样的科技工作者才是我们人类文明的旗手。

思路解析

本文包括两大部分，第一部分阐述科技的整体趋势，以"科技正以人类历史上前所未有的速度到处呈现出井喷之势"一句领起，然后举了一定量的典型事例具体阐述，表现科技的整体长处。第二部分阐述科技在"研究疾病"和"改善民生"两方面投入的不足，甚至还给民生带来了许多危害，指出了科技研究的局部缺陷。全文体现了"整体与部分"的辩证思想。

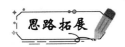

思路拓展

依据这一思路，还可以选取更多的角度写作，比如可以针对某一领域作文章，写它的整体优势和局部不足。最好从自己熟悉的领域写起，比如近二十年来的科技发展对农村生产生活方式的整体促进作用和局部不足，再比如从教育科技、交通科技、旅游科技、娱乐科技、餐饮科技等领域下笔，都可以运用这一辩证思维写出符合题意的文章。

第十四章 内容与形式

一、哲学阐释

内容是事物一切内在要素的总和。

形式是事物内在要素的结构和组织方式。

内容和形式是辩证和统一的。同一种内容在不同条件下可以采取不同的形式，同一种形式在不同条件下可以体现不同的内容。内容是事物存在的基础，任何事物既有其内容，也有其形式，不存在无内容的形式，也没有无形式的内容。内容与形式互相联系、互相制约，内容决定形式，形式服从内容，并随内容的变化而变化。形式对内容又有反作用，形式适合内容，就促进内容的发展，形式不适合内容，则阻碍内容的发展。内容和形式之间存在着差别和矛盾，内容是经常变化的，形式相对稳定，形式往往落后于内容，从而造成新内容与旧形式之间的矛盾。

对于写作而言，思想、主题、材料是内容，结构、语言、写法是形式，一篇好的作品必定是内容和形式的高度统一。

内容上要做到立意深刻、新颖。"深刻"就是对现象、话题、命题或材料作全面深入的分析，还要结合自身的经验、知识、体会、观念，对现象、话题、命题或材料进行概括、选择、归纳、提升，得出思维的启示或生命的启迪，做到这些离不开辩证思维。"新颖"就是"见人所未见，发人所未发"，这依然离不开辩证思维。

内容上还需要做到材料真实、典型、丰富。材料真实才能让论点站得住脚，材料典型才能收到以少胜多的表达效果，材料丰富才能增加论证的力量、令人信服。

形式上要求文章结构完整、层次井然，符合人类认知逻辑。具体到议论文上来说，首先，要在文章开头结合材料提出总论点。其次，主体部分要有三四个被总论点统率的分论点，每个分论点都要有相对应的论据加以论证，这些论据既要有事实论据又要有道理论据，论据与分论点之间要有关联性的分析。最后，文章的结尾还要归纳全文，回扣论点或题目，总结升华。

形式上还提倡多样化，从理论上讲，无论是材料作文，还是命题作文、话题作文，均可选用记叙文、议论文、说明文、应用文等实用文体的形式来写，也可以选用小说、散文、诗歌、戏剧等文学作品的形式来写，还可以采用文言文、章回体小说、寓言、对话体、访谈、分镜头剧本、说明书等"新形式"来写。但形式是服务内容的，如果写起来牵强附会或自己并不擅长这类文体，只是为了求新求奇而刻意为之，这是断断不可取的。有的写作要求中明确指出"除诗歌外，文体不限"，那就一定不能写成诗歌。当下高考作文的命题材料中常常有"引发了你怎样的联想和思考"的提示，长于表现"联想与思考"的文体首推的还是议论文，能写成议论性散文或杂文会更好一点，但前提是写作者得擅长写这类文体。

【作文题目】

阅读下面的材料，根据要求写作。（2023年新高考Ⅰ卷）

好的故事，可以帮我们更好地表达和沟通，可以触动心灵、启迪智慧；好的故事，可以改变一个人的命运，可以展现一个民族的形象……故事是有力量的。

以上材料引发了你怎样的联想和思考？请写一篇文章。

要求：选准角度，确定立意，明确文体，自拟标题；不要套作，不得抄袭；不得泄露个人信息；不少于800字。

【下水作文】

好风需借力
——好故事还需要用好形式传扬

好的故事产生于特定的时空，对当时当地的人们产生了强烈的教化作用，或启迪人智慧，或提振人精神，或消弭相互间矛盾，或指明人生大方向。比如孔融让梨，勾践尝胆，廉蔺和好，魏征直谏，岳母刺字，海瑞罢官……这些传统的好故事，以书面、舞台或口耳相传的方式影响了一代代人。

随着时代的发展，新受众获取信息的渠道、接受信息的方式、淘选信息的着力点都有了很大的变化，有些好故事要继续发挥较强影响力的话，它们的传播形式最好做出相应的调整或改进。

第一种新形式当属声光电技术的运用和跨媒介的传播。

现代声光电技术能渲染场景、强化氛围，给受众营造身临其境的现场感，既提高了欣赏者的兴趣，更强化了教育的效果。现代社会，工作生活节奏加快，交通、通讯的发达也使工作、学习、生活的场景不再囿于狭小的天地，因而，将来大家庭、大家族式的生活并不现实，也因而，那种靠口耳相传、师徒相授、爷爷奶奶外公外婆讲故事的传统传播方式会日渐式微。声光电技术，尤其是全息、虚拟、VR、AI 技术，备受青少年青睐。而青少年正是受教育的主体，充分利用声光电和融媒体技术，能大大地提高好故事的传播力度和教育效果。

在这方面，我国文化教育工作者已经取得了非常突出的成就，比如河南电视台推出的舞蹈《唐宫夜宴》和舞蹈诗剧《只此青绿》，还有举办的清明奇妙游、端午奇妙游、七夕奇妙游和中秋奇妙游活动，再比如由中央广播电视总台出品的大型历史题材电视剧《长安三万里》。这些节目或活动借助声光电技术将传统与现实、历史与未来、古人与今人融为一体，在时空穿越中让观众洞悉历史、立足当下、观照未来，育人效果大大增强。

第二种新形式是不同门类艺术的借鉴与融通。

传统好故事一般是靠两种途径传播的：书面和口头。如果将文字与音乐、美术、绘画、舞蹈等艺术形式融合起来，实现跨门类改编，影响力就可能得到数倍增强。比如用戏曲艺术改编的杨家将故事，单是《四郎探母》一节就被改编成了曲剧、豫剧、越调、京剧、沪剧、昆曲等不同形式，对于不同戏曲流派、不同曲艺传统、不同地域划分、不同欣赏口味的受众，这种丰富多彩的戏曲艺术就能从多个角度针对性地加强传播的效果。

前些天，我在抖音上搜到了许多借助课本故事改编的歌曲，有的被改编为流行歌曲，如《虞美人》；有的被改编为美声音乐，如《过秦论》；有的还被改编成了 rap 音乐，如《阿房宫赋》；还有的被改编成了音乐剧，如《子路、曾皙、冉有、公西华侍坐》。这些有益的改编，无疑促进了传统好故事的传播。

第三种形式是情节上的赋新。

比如《孟母断机杼》的故事，如果将现代社会拼娃、内卷的情节丰富进去，可能会增强受众的代入感，教育效果会更好。再比如鲁迅的《故事新编·奔月》，鲁迅将原故事中封建专制对婚姻爱情的阻挠、迫害改编为对英雄的漠视、奚落，甚至暗算，这是作者根据当时的社会现实做的针对性改编，当时对唤醒国民重视英雄、崇拜英雄起到了很好的警醒作用。冯至的《江上》这篇小说将伍子胥单一的复仇故事改编为一场心灵救赎的思想改造故事，与当时反内战、求和平的政治需求是很契合的。

好的故事归根结底得有好的底子，有了好的底子，再辅以鲜活的、多样的、富于针对性的、与时俱进的形式，就更能吸引、影响受众，引发他们更大程度的共情，达到更理想的教育效果。

本文以"内容与形式"的思路探讨好故事如何"更好地表达"和"触动心灵、启迪智慧"的论题，明确了好故事提高表达效果的三种途径。这三种途径是：运用声光电技术和跨媒介传播，让不同门类艺术实现借鉴和融通，结合现实需要给情节赋新。

思路拓展

我们可以针对材料中任何一个立意或自主立意，运用"内容与形式"的思维阐述该立意下所运用的材料是如何从内容、形式上为主题服务的，当然，这里所说的材料，一定是"好故事"。比如，可以选择"好故事可以展现一个民族的形象"立意，选择大禹公而忘私为民排除水患的故事，着重阐述该故事的内容与形式上的特点。内容上可以确立大禹不辞劳苦、苦干巧干、改革创新的角度，形式上可以突出大禹本身的工作方式，也可以写后人在传播大禹优秀故事时所采用的民间文学、戏曲、诗歌、雕塑等形式。文章最终要归结到"内容与形式的有效结合才更易于实现教育效果"这个主旨上来。

三、下水作文（2）

【作文题目】

阅读下面的材料，根据要求写作。（2023年新高考Ⅰ卷）

好的故事，可以帮我们更好地表达和沟通，可以触动心灵、启迪智慧；好的故事，可以改变一个人的命运，可以展现一个民族的形象……故事是有力量的。

以上材料引发了你怎样的联想和思考？请写一篇文章。

要求：选准角度，确定立意，明确文体，自拟标题；不要套作，不得抄袭；不得泄露个人信息；不少于800字。

【下水作文】

讲好中国故事要注意"三多三少"

党中央、国务院提倡我们要讲好中国故事，用好的故事去感染人、教育人、鼓舞人。在讲好中国故事时，我们要注意"三多三少"。"三多三少"指的是旧故事多，新故事少；粗糙故事多，细节故事少；名人故事多，凡人故事少。

如果旧故事多、新故事少，就容易使好故事脱离实际。

中华文明上下五千年，好故事如恒河沙数，数不胜数。爱国的，敬业的，孝亲的，友邻的，诚信的，公正的……历朝历代层出不穷。但如果一讲爱国就是杜子美陆放翁，一谈孝亲就是黄香温席王祥卧冰，一说到科技就是黄道婆革新纺织术、毕昇发明了活字印刷术，教育效果不见得会明显，因为这些故事传统特色浓，时代色彩轻。如果你这样讲，我这样讲，大家都这样讲，讲故事的人是轻松了，听故事的人却耳生茧、意欲眠，仿佛事不关己，可以高高挂起，这显然不好。

所以，要讲好中国好故事，除了善于利用传统的"富矿"，还要善于挖掘眼前的"金矿"。比如谈爱国，可以讲以杨洁篪为代表的中国外交天团在阿拉斯加直斥美国的故事，可以讲我国国防部新闻发言人吴谦大校对台独势力义正词严警告的故事，可以讲边防战士陈祥榕"清澈的爱只为中国"的故事，可以讲华为对美国芯片制裁有力反制的故事，可以讲钱七虎、于敏隐姓埋名几十载搞科研的故事。不忘旧故事，发掘新故事，让受众能真切感受到优秀精神的代际相传，更要让他们知道优秀精神在当下发扬光大可以增强时代感，增强当代人的责任感和使命感。

粗糙故事多、细节故事少就容易降低故事的感染力。

一滴水里看太阳，一粒沙中有世界，一朵花里观菩提，故事中的细节往往最感人。比如讲母爱，不单要强调母亲十月怀胎、一朝分娩、终生抚养的不易，还可以讲生活中那些真实的细节，比如与子女共进大餐时她们只捡家常菜吃，总把"硬菜"

留给子女；又比如父母在将锐利物品递给子女时，总要把容易拿捏的部分递过去；再比如当子女有头疼脑热时，父母无论是白天还是深夜都会立马抱着孩子跑到医院里化验、检查，然后叮嘱医生一定用好药，可是，自身的糖尿病已经有两个加号了还从来没有给子女提过一次。好的故事要突出细节，细节才感人，感人了才能引发共鸣，才容易增强教育效果。如果把故事都讲成梗概、讲成标签，那么，就失去了好故事的灵魂。如果没有细节，就不会有"先国家而后私仇"的廉蔺佳话；如果没有细节，就不会有"我不是在稻田里，就是在去稻田的路上的"的袁隆平精神；如果没有细节，就不会深刻领悟汶川大地震时那张开双臂把学生掩护在身体下面的谭千秋老师的大爱无疆；如果没有细节，就不会敬佩从无声世界叩开清华大门的江梦南的勤恳执着。

没有细节，故事只是骨架，人物只是标签，传播者成了传声筒，受众成了看客。有了细节，受众与主人公同呼吸、共命运，大大增强了故事的感染力。

名人故事多，凡人故事少就容易失去群众基础。

名人是民众力量的代表，名人故事层出不穷自在情理之中，但名人只是代表，是水上舟，是塔尖灯，而群众是舟下水，是灯下塔。讲好中国故事，既要目光向前向上，又要躬身俯视，注重当前，注目凡人。社会主义大厦的营造，祖国统一大业的完成，民族复兴的实现，必然要靠十几亿人同心携手。万丈高楼平地起，众人划桨开大船，所以，要讲好中国故事，还要多挖掘现实生活、普通生活中的凡人琐事。这样的故事，来自人民，接地气，容易讲到群众心窝里，容易凝魂聚力，容易团结最广大的人民群众。

看历史，郑国的弦高虽为一介行商，但国家危亡的紧要关头能毁家纾难；鲁国的曹刿乃一介布衣，遇国家危急时，能挺膺担当；刘邦本是一名小小亭长，却敢于谋夺强秦；陈胜虽为一名戍卒，不减鸿鹄之志；钟子期与俞伯牙，一个是樵夫一个是乐师，却书写了千年知音的佳话；梁山伯与祝英台是一对凡夫俗子，亦成就了惊天动地的爱情；偏将樊哙敢独斗霸王，书生谭嗣同敢单刀反清……看当下，河南打工人孙天帅面对韩国老板的侮辱，奋起反抗，挺直了民族脊梁；安徽青年陈陆，面对滔滔洪水，连续奋战96个小时，411次驾起冲锋舟劈波斩浪救下无数落难同胞；面对肆虐的疫情，80、90后医务志愿者义无反顾逆行疫区，写下壮丽的青春诗篇。还有当代最可爱的人——人民子弟兵，他们大水来了救水，大火来了灭火，大疫来了抗疫，"台独"叫嚣时杀灭台独者的威风，有人挑衅时以实力让对手望风披靡。各个时代，不同领域，不同战线上的无数平凡者书写了可歌可泣的好故事，我们应该记载好、保护好、学习好、传扬好。

百川归大海，万事求本宗，讲好我们中国故事旨在做到"吃水不忘挖井人"，旨在让光辉精神代代相传，旨在造福社会、利泽人民，注意"三多三少"，就更能体现出党和政府用好的故事教育人、感染人、激励人的美好初衷。

本文用"内容与形式"的思维行文，探讨如何讲好中国故事的主题，主体部分用对比手法，指出了"旧故事多，新故事少"，"粗糙故事多，细节故事少"，"名人故事多，凡人故事少"的现象，并指出了改进的方法。

新旧故事从情节上看属于"内容"，从时代上看属于"形式"；粗糙故事与细节故事，名人故事与凡人故事也是这样，从故事情节上看属于"内容"的范畴，从艺术表现手法和表现角度上看属于"形式"的范畴。

我们还可以针对这两个关键词进行深入思考或拓展思考，思考它们的内涵、外延是什么，以及在内涵外延方面作者的独特思考是什么。比如思考好故事的主体内容是什么，内容上的优缺点是什么，内容上还可以有哪些改进。再比如思考好故事的形式是什么，形式上有什么优缺点，形式上还可以有什么改进等。以上任一方面都可能引发写作者独特的联想与思考，把这些联想与思考写下来，就是一篇符合题意的好文章。

四、下水作文（3）

【作文题目】

阅读下面的材料，根据要求写作。（2024 年高考新课标 I 卷）

随着互联网的普及、人工智能的应用，越来越多的问题能很快得到答案。那么，我们的问题是否会越来越少？

以上材料引发了你怎样的联想和思考？请写一篇文章。

要求：选准角度，确定立意，明确文体，自拟标题；不要套作，不得抄袭；不得泄露个人信息；不少于 800 字。

【下水作文】

科研的春天应该是百花齐放、姹紫嫣红

互联网联通五湖四海，人工智能遍布地海苍穹，科技无处不在，它以百花齐放、姹紫嫣红的形式将人间装扮得生机盎然。

科技的内容丰富多彩，涵盖各个领域，包括各个环节，呈现出利民利国利社会的整体趋势。

人类历史上的每一项科技成就几乎都改进了劳动工具，提升了生产效率，解放了生产力、发展了生产力。从刀耕火种到现代机械化的联合作业，当代农民不再受"锄禾日当午，汗滴禾下土"的躬耕之苦。从靠腿走路，到乘坐汽车、高铁、飞机、轮船，人们出行再不用风餐露宿、饥渴顿踣。从缝叶为衣、缀花为裳到夏天穿冰丝、冬季裹羽绒，现代人再没有衣不蔽体之忧。从茹毛饮血到肉奶蛋充足、色香味俱全，现代人再也不会有勒紧腰带还得从牙缝中节省的贫穷日子了。

还有那三位一体的国防重器，那几乎包治百病的医疗科技，那大洋深处一探究竟的"奋斗者"，那苍穹之上太空寻亲的"天问一号"。还有那"命运与共"主旨下的基因研究、抗疫攻关、太空探索、国际维和、人道援助，科技将全球联合成一个整体，科技在造福着整个人类。

科研形式多种多样，不拘一格。大到国际合作，小到兴趣研究，我们人类文明乘上了科研的快车并从此走向繁荣昌盛。

首先是国际合作。1942 年开启的"曼哈顿计划"促进了"二战"的胜利进程，1990 年启动的"人类基因组计划"解开了人类生命的密码，1985 年开启的国际"人造太阳"计划已经是硕果累累，2015 年我国开始倡导的"一带一路"国际科技合作研究如火如荼。2022 年，在第五届世界顶尖科学家论坛开幕式上，中国科技界发布了《关于国际合作的科研行为的倡议》，提出国际科技交流合作是大势所趋，科技

创新协作是共同需要，捍卫全球科学界共同利益，构建人类命运共同体，应对全球性挑战，加快落实联合国 2030 年可持续发展战略。2023 年，中国政府面向全球发布"国际科技合作倡议"，提出"科学无国界，惠及全人类"的呼吁，目前，我国已建成数百个国际科技合作基地，在加强国际科技合作方面为世界人民树立了榜样。

其次是国家层面的科技支持。20 世纪 60 年代，我国为抵制帝国主义的武力威胁和核讹诈，以毛泽东同志为核心的第一代党中央领导集体，为了保卫国家安全、维护世界和平，果断地作出了独立自主研制"两弹一星"的战略决策。1986 年 3 月，面对世界高新技术蓬勃发展、国际竞争日趋激烈的严峻挑战，以邓小平同志为核心的第二代党中央领导集体，听取王大珩、王淦昌、杨嘉墀、陈芳允等科学家的建议，决定实施"863"计划。20 世纪 80 年代初，党中央、国务院听取中国科学院 89 位院士(学部委员)建议，设立了国家自然科学基金委员会。20 世纪 90 年代，原人事部、科技部等七部门启动实施了"中青年学术技术领军人才专项工程"，即"百千万人才工程"。另外还有面向 21 世纪，重点建设 100 所左右高等学校和一批重点学科的"211 工程"，创建世界一流大学和高水平大学的"985 工程"，将"211 工程"和"985 工程"等重点建设项目统筹运作的"双一流"建设工程。这些行动举国家之力致力科研，为国家培养了大量科研人才，迅速提高了我国的整体科研水平，促进了国家的快速发展。

再次是企业科研。企业处于生产第一线，直接面临生产中的实际问题，直接面对着市场需求，更有利于在科研上实现突破。比如华为在 5G、人工智能、云计算等前沿技术领域的领跑，比亚迪在新能源汽车研发、生产、销售方面的胜利攻关，福耀玻璃工业集团在浮法玻璃制造上取得的重大突破，格力电器在空调生产研发上取得的核心成就，杭州娃哈哈集团在纯净水生产上达到的世界极致，这些都是科研园里的行家里手、排头尖兵。

最后还有社会团体及个人的研究。它可能是文化传承方面的一项技术，也可能是手工制作方面的拿手绝技，它可能是医药炮制上的独家秘笈，也可能是民间艺人的一根武棍、一束弦鼗、一根银针、一方穴位，更可能是青少年手中的一架航模、一项制作、一款构图、一种奇思、一种妙想……

我们一个人、一个团体、一个企业，包括我们的国家、民族乃至我们整个人类的科学研究，都要根植于人民的利益，根植于人类的福祉。科学研究的内容无论怎样丰富，科学研究的形式无论多么出彩，它都得是真善美的化身，这样的科技繁荣才是科学的春天，这样的科研成果才是人类的福音。

思路解析

本文从"内容与形式"的角度思考科研问题，主体内容包括两部分。第一部分谈科技研究的"内容"，指出它"涵盖各个领域，包括各个环节，呈现出利民利国利社会的整体趋势"，辅以相关例证加以阐释。第二部分谈科技研究的"形式"，指出它"不拘一格促进人类社会走向繁荣昌盛"的特点，从国际、国家、企业、团体及个人四个方面具体阐述。

思路拓展

我们还可以将笔触落到某个特定科学研究领域或成果上去考量它的"内容"与"形式"。比如电动驱动装置是内容，电动汽车是科技成果呈现出来的形式；再比如小麦面粉是内容，制作成的馒头、面条、面包是形式；再比如混凝土建筑技术是内容，建成的高楼，修成的路桥是形式。当然，内容与形式又是相对的，对于色彩、造型来说，电动汽车是内容；对于外包装来说，馒头、面条、面包是内容；对于墙面路面装饰来说，高楼、路桥是内容。

针对科技话题，围绕"内容与形式"的关系，结合生活实例，是比较容易写出符合要求的文章的。

第十五章　理论与实践

一、哲学内涵

　　理论是基于实践经验的思考和总结，它是对事物本质、规律和原理的概括和解释。实践是理论的具体应用和实现，是理论行之有效的检验和体现。

　　理论为实践提供了思路和指导，提供了问题解决的方法和路径，为实践提供了指引，使实践更具有方向性和目标性。实践为理论的形成和发展提供了基础材料和原始数据，丰富了理论的实证基础，实践还能够检验和验证理论的正确性和有效性，通过实践的不断反馈，理论得以修正和完善。理论与实践之间形成一个不断循环的过程，实践不断推动理论的更新和发展，而理论又不断为实践提供新的思考和指导。

　　实践是检验真理的唯一标准，但并不是一两次实践的成功或失败，就能证明一种认识是真理还是谬误，而是人的"全部实践"才能证明一种认识是否是真理。有的理论虽然曾经被实践证明是真理，但由于实践的不断发展和深化，过十几年、几十年甚至几百年以后，现实的新的实践又证明了曾经被过去的实践证明为真理的理论并不是或不完全是真理，而是谬误或包含谬误的成分。与此相反，有的理论虽然曾经被实践证明为谬误，但由于实践的发展和深化，过十几年、几十年甚至几百年以后，现实的新的实践又证明曾经被过去的实践证明为谬误的理论并不是谬误或不完全是谬误，而是真理或包含真理的成分。

　　理论与实践相互依存、相互促进，共同推动社会的发展和进步。

二、下水作文（1）

【作文题目】

阅读下面的材料，根据要求写作。（2023 年新高考 I 卷）

好的故事，可以帮助我们更好地表达和沟通，可以触动心灵、启迪智慧；好的故事，可以改变一个人的命运，可以展现一个民族的形象……故事是有力量的。

以上材料引发了你怎样的联想和思考？请写一篇文章。

要求：选准角度，确定立意，明确文体，自拟标题；不要套作，不得抄袭；不得泄露个人信息；不少于800字。

【下水作文】

落实"好故事"的教化作用

芸芸众生，世态万象，人生在世难免因思想看法不同甚至价值观相悖而产生矛盾摩擦甚至争斗，但常言道：斗则两伤，和则双赢。许多当事人争来斗去，反思起来，皆因鸡毛蒜皮、芝麻绿豆一样微不足道的小事引起，但事后诸葛无意义，后悔药买不来。其实，前人留下的一些智慧故事，是可以给我们事前上课的，能警醒我们三思而后行，我们可以把这种好故事的影响称为"教化"。

好的故事能够开启小孩子的智慧。

我刚记事时，父亲就给我讲了折筷子的故事。古代有弟兄三人，都是既好吃懒做，又很自私。他们的父母养了一头大肥猪，春节到了，老两口请屠夫宰了这头肥猪，准备把猪肉分给三个儿子过大年。大儿子先到，说："我的胡子无数根，先拿猪头和猪身。"大儿子凭着自己年长，想把猪肉的主要部位拿走。接着老二到了，他说："我的胡子长满嘴，再拿猪腿和下水。"老三最后到，他年轻，还没有长胡子，他一看猪肉几乎被两个哥哥分光了，暴跳如雷，他说："我的胡子没发芽，难道只剩猪尾巴？"三个儿子因此争执起来，到了肢体冲突的地步。老父亲一看，勃然大怒，大喝一声："老子满嘴没牙，囫囵猪全拿。"听此一言，几个儿子木然尴尬，哑口无言。老父亲将他们喊到跟前，拿出一支筷子，轻轻一折就断了。然后他又拿出一把筷子让三个儿子折，他们三个都折不断。这时，老父亲才语重心长地说："兄弟同心，其利断金；兄弟阋墙，痛死爹娘。"三弟兄都低下了头，认了错。老父亲说："你爹你娘年纪大了，今年是最后一次养猪，明年你们每人养一头猪，我们过年的时候等着你们三个送猪肉吃。"果然，弟兄三人第二年每家都养成了一头大肥猪，过春节时不仅自己吃得满嘴流油，还卖了不少钱，更孝敬了爹娘，也改变了好吃懒做的坏毛病。这样的故事就是很好的故事，生动幽默又富有教育意义，对小孩子的成长起到了很好的教化作用。

这样的故事还有很多，比如铁杵磨成针的故事能教孩子们懂得坚持不懈的道理，司马光砸缸的故事能让他们懂得随机应变的道理，乌鸦喝水的故事能让他们懂得开动脑筋的重要性。这样生动有趣的民间好故事对开启小孩子的智慧起着不可估量的作用。做父母的如果张口闭口都是要求孩子好好学习，都是要求孩子听大人的话、遵守纪律、超越同伴、赢在起跑线上，或者要求他们琴棋书画样样精通，奥赛、演讲、英语、写作招招出奇，即使他们获得了满身的技能，但丢掉了人生的智慧，是谈不上可持续发展的。

好的故事可以为青年人指点迷津，指引方向。

苏联作家奥斯特洛夫斯基的《钢铁是怎样炼成的》一书塑造了一个无产阶级革命者和建设者的形象——保尔·柯察金。他在战斗中成长，在建设中奋进，是一个信仰坚定、意志坚强的优秀青年，是苏联无产阶级文学中的典型形象。他的精神激励了许多国家的青年，特别是我国青年，为容易迷惘的年轻人指引了前进的方向，保尔堪称青年人的楷模。在这本书的影响下，我国涌现出了诸如《保卫延安》《青春之歌》《红岩》《江姐》等优秀红色文学作品；在保尔故事的影响下，我国涌现出了诸如朱伯儒、雷锋、朱彦夫、张海迪等无数中国式保尔。

青年时期正是人生观、价值观的形成期，如果不用好的故事从他们心灵深处去感染他们，引导他们，却让他们身边充斥着明星的潜规则，弥漫着贪官的物欲，上演着奸商的一夜暴富，满眼是求知者的卑微和寒酸、从教者的无奈与慨叹，那可是毁灭根基般的灾难呀！

好的故事还可以给为人父为人母者以科学、民主、健康的家庭教育指导。

通过花木兰替父从军的故事，做父母的可以认识到，儿女都是当家立世的人，不可重男轻女存在偏见。通过孔雀东南飞的故事，做父母的可以认识到，要支持子女们的自由婚姻，不可干涉爱情，不可包办婚姻。越调《吵闹亲家》的故事，除了教育父母们不要干涉儿女婚姻，还告诉人们不要为儿女婚事或老人丧葬大操大办铺张浪费。另外诸如讲孝道爱国的《四郎探母》，重承诺讲诚信的《当幸福来敲门》等，讲的都是家庭教育的典范故事，都能对做父母的产生有益的影响。

好的故事是提炼出来的艺术，它们都源于生活。艺术家将它们整理提炼，形成文字，搬上舞台，诉之音乐，其价值就是让它们艺术地指导生活。我们在观瞻、传唱、传颂过程中，要内化于心，外化于行，让它们真正地发挥出高台劝话、熏浸提染的功效。

思路解析

本文针对材料中的"好故事可以触动心灵、启迪智慧"立意，以"理论与实践"的思维统率材料，从三个方面阐述好故事在"触动心灵、启迪智慧"方面的作用。这三个方面是：开启小孩子的智慧，为青年人指点迷津、指引方向，给为人父母者以科学、民主、健康的家庭教育指导。这三个方面的好故事中蕴含的智慧、精神、道理，属于理论，将这些智慧、精神、道理落实到对小孩子、青年人、为人父母者的行动中去，属于实践，本文阐明了其中的理论，也交代了实践的方法。

现实生活中理论与实践脱节的现象比较常见，写作时我们可以认真回顾生活，深入反思生活，审视生活中哪些好故事是只停留在口头上没有落实到实际行动中去的，哪些是将理论和实践结合得比较好的，这样是不愁写不出符合要求的作文的。比如，荣登中国好人榜的宿迁市城市管理者杨柳妹同志给我们创立了"微笑式"管理、"贴心式"服务、"柔性式"执法的好故事，但还有相当一部分城市管理人员还没有将这类好故事中的思想和工作方法落实到自己的实际工作中去。再比如当前见义勇为的好故事有很多，但现实中"多一事不如少一事的"的明哲保身思想还很严重，这说明见义勇为的理论还缺乏与现实生活的有效结合。这些都是理论与实践脱节的现象，我们都可以写一写。

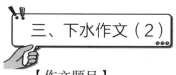

三、下水作文（2）

【作文题目】

阅读下面的材料，根据要求写作。（2023年新高考 I 卷）

好的故事，可以帮我们更好地表达和沟通，可以触动心灵、启迪智慧；好的故事，可以改变一个人的命运，可以展现一个民族的形象……故事是有力量的。

以上材料引发了你怎样的联想和思考？请写一篇文章。

要求：选准角度，确定立意，明确文体，自拟标题；不要套作，不得抄袭；不得泄露个人信息；不少于 800 字。

【下水作文】

故事好不好，实践见分晓

生活中不乏励志故事：张某某是 IT 黑马，王某某是商海精英，李某某是有千万粉丝的网红，赵某某是学渣逆袭进名校的典范。这些故事，或文字或图片，或视频或音频，借助融媒体与自媒体的推波助澜，能迅速蹿红，引得热血青年心旌摇荡，蠢蠢欲动，寝食难安。究其实，不能说全部是子虚乌有，但道听途说、空穴来风者数不胜数，反正现在数据不值钱，炉造不报税，多造几篇鸡汤文、鸡血文，坑蒙拐骗中赚足流量，何乐而不为？

可怕的是，这往往让"网盲"们信以为真，引以为好故事，甚至某些家长引之以教子，结果却加重了个人焦虑、家庭焦虑。某些教育工作者引之以教训学生、推进工作，结果却加剧了"内卷"，如果说是这些闹得人世间鸡犬不宁，有点儿言重，但也不算夸张。

一夜暴富的故事只是个案也无规律可循，说不上好故事，如果错把个案当逻辑，极容易助长投机心理，尽管主人公确实赚得盆满钵满。

有一句笑话说，只要风口的风足够大，猪也会飞起来。这虽是句笑话，讲的却也是实情。我国封建社会是以农耕为主的农业社会，农业是基本事业，就连帝王每年都要祭祀五谷神，祈祷上苍风调雨顺，祈祷人间五谷丰登、国泰民安，甚至帝王还要亲自做表率，扶犁子站耙，光着脚踩踩泥土。可偏有人甘愿忍着被人瞧不起的眼神坐贾行商，甚至捣鼓烟土，买卖人肉，结果有的倒是真成了吃香喝辣、穿金戴银的富人，这是风把他们吹起来了。或是敢于冒险，或是不怕脸厚，对芸芸农耕大军来说，这些只是个案，不值得效尤。当然，那个时代这些人的下场不一定好，比如明代首富沈万三，最终被朱元璋发配充军，在家破人亡中度过了他的余生。还有二十世纪九十年代，国际互联网兴起，有人单靠卖域名就日进万元。还有二十一世纪初流行网购,有网店日经营货物上万单,可谓日进斗金。近些年又流行直播带货,催生了一些百万、千万甚至亿元身价的网红。但这些还都是个案,全国十几亿劳动者,你能说出10家互联网公司的名字吗?你能说出10家超级网店的名字吗?你能说出10位身价千万甚至亿元网红的名字吗?你说不出。时代的主流仍然是拿平均工资的打工人,时代的建设者、文明的推进者仍是十几亿忠诚于本职工作的普通劳动者。若要以一夜暴富的故事激励员工,可能会使他们更加自负或自卑;如果以一夜暴富的故事去要求配偶,可能会既伤了他的心又寡了自己的情;如果以一夜暴富的故事去要求子女,可能会使他们更叛逆或更憋屈。

偶然成功的表象显然不符合"玉汝于成"的底层逻辑,有的连个案、小概率事件都称不上,这些成功者甚至可能已经犯罪,免不了要东窗事发,泥菩萨过河——自身难保,这样的成功故事固然更称不上好故事。

如果错把这些当成好的故事教育人,很容易诱导人走旁门左道,甚至导致犯罪。

比如宋代高俅巧遇了喜欢蹴鞠的赵佶,后来赵佶做了皇帝,就是宋徽宗,高俅才摇身一变成了太尉;明代魏忠贤靠自残得以接近皇上,最后竟成了阉党党首;唐朝杨国忠靠裙带关系官至宰相。还有许多是靠偷了,抢了,送了,当马子,拉皮条一时上位的,虽说这些人能量不小,但这些人的臭味也十足,下场也悲惨:高俅到头来弄得身败名裂,魏忠贤最终自缢,杨国忠被将士们乱刀砍死。

比如这些年的某些商界精英,曾被无数人引为人生的楷模、追求的偶像,是文笔下的典型例证,是众口称颂的神。结果,底牌被揭,有的是从平民手中抢饭碗的罪魁,有的是从鹭鸶腿上劈精肉的祸首,人设顷刻倒塌。再比如一些政要,昨天还在台子上大讲特讲反腐倡廉无私奉献,今天却被查出贪污受贿百万千万甚至万万。还有些人张狂权柄、膨胀肉欲、觊觎高位,自己的人设倒掉了是小事,给国家和集体造成的损失是大事,影响了人民的思想和信仰是大事。而有些讽刺作品,比如讽刺官欺民辖的《徐九经升官记》,讽刺执法不公的《卷席筒》,讽刺包办婚姻的《李天保吊孝》,揭批官场黑幕的《人民的名义》,痛斥黑社会的《扫黑风暴》,这些作品明里看是揭发批判,实际上是刀刃向内,将皮袄的里子扯下来抖一抖,这一抖,就是要虮虱毕现,死落于地。正是这不掖不藏的揭批,人民的心中才照进了亮光,社会才回归了本原。这样的故事也是好故事。

马克思主义哲学讲究"实践出真知",我们中国有句古话叫作"绝知此事要躬行",是好是孬,是骡子是马要拉出来遛遛,能被人民相中,能经得起实践检验的故事才是真正的好故事,切莫让毒鸡汤、黑鸡血故事害了人民,坏了风气,伤了文明。

思路解析

本文用"理论与实践"的思维考量现实中的三类故事，即一夜暴富的个案故事，一时得势的官宦故事，一时当红的精英故事。这些故事中的主人公都是实践中的能手，都是公众眼中的成功人士，但考量他们行为背后的思想，揭开表层后的真相，他们并不是理论与实践相结合的楷模，从而阐明了生活中还存在不少理论与实践相悖的现象。

思路拓展

运用"理论与实践"相结合的思维，还可以考量历史与现实生活中其他看似是好故事实际上并不好的故事。也可以针对材料中给定的立意，阐释这些好故事是如何做到理论与实践相结合的。比如写"好故事可以改变一个人的命运"这一主题，可以选取一些好故事，阐述这些好故事是怎样从理论上打动这个人，又是如何让这个人将好故事中的理论、思想落实到了自身怎样的行动中的，最终表现出"改变命运"的主题。

【作文题目】

阅读下面的材料，根据要求写作。（2024年高考新课标Ⅰ卷）

随着互联网的普及、人工智能的应用，越来越多的问题能很快得到答案。那么，我们的问题是否会越来越少？

以上材料引发了你怎样的联想和思考？请写一篇文章。

要求：选准角度，确定立意，明确文体，自拟标题；不要套作，不得抄袭；不得泄露个人信息；不少于800字。

【下水作文】

科技成果一定要转化为现实生产力

"互联网＋"技术提高了各行各业的工作效率，人工智能进一步减轻了人类的脑力、体力劳动，科技在破解生产生活难题、提高劳动效率方面发挥了举足轻重的作用。科技研究一定要以解放生产力、发展生产力为导向，将科技成果尽快地转化为现实生产力，才能实实在在地解决问题。

"纸上得来终觉浅，绝知此事要躬行。"科技工作者要深入生产第一线，发现现实难题，制定针对措施，精准施策，这是科技转化为现实生产力的一条有效途径。

陈建军是舟山甬舟集装箱码头有限公司的一名机械维修工人，他最初的工作是给龙门吊加注滑润油，这项工作单调、枯燥、劳累。为了改变这种现状，他立志要找到节省工时、提高功效的办法。经过认真观察和仔细研究，他发现不同部件需要加注的润滑油数量是不同的，如果合理安排工序，改进加油工艺，一定可以提高效率。最终，他探索出了一种可以让原本一天才能完成的工作在2小时内就被搞定的工序，用这种工序加油，省时省力高效。当听到工友们抱怨很多精密设备拆卸起来很费劲时，陈建军又开始琢磨如何改进，他研究拆装过程，请教专家，设计模型，反复改良，最终利用减速箱原理和扭力倍增器设备制作出了能将人力放大25倍的夹轮器油缸省力拆装平台，该项技术获得了国家级实用新型专利。

就这样，陈建军俯下身子，扎根工作第一线，研究解决实际问题，用科研寻求工作突破，至今已主导了78项设备改造工作，获得了6项国家实用新型专利。

生产劳动是科学研究的起点，也是发明创造的动力和源泉。斯大林曾说："科学之所以叫作科学，正是因为他不承认偶像，不怕推翻过时的旧事物，很仔细地倾听实践和经验的呼声。如果只是坐在办公室里闭门造车，或从资料堆中寻章摘句搞务虚科研或屠龙科研，那么，科技界出现用熟鸡蛋孵化出小鸡的怪相，用清水代替汽油驱动汽车的笑剧也就不足为奇了。"

"攻城莫怕艰，攻书莫畏难。科学有险阻，苦战能过关。"叶剑英元帅的这首《攻关》诗可以说指明了一条让科技尽快转化为现实生产力的另一条途径：苦战攻关。

20世纪50、60年代，为抵制帝国主义的核威胁和核讹诈，尽快提高我国国防安全和维护世界和平，党中央和毛泽东同志果断地提出了实施"两弹一星"计划，并确立了"自力更生为主，争取外援为辅"的科研方针，我国大批科技工作者响应号召，积极投身这一工作。1964年，我国研制的第一颗原子弹在新疆罗布泊试验场成功爆炸。三年后，1967年，我国制造的第一颗氢弹在罗布泊试验场成功爆炸。又过了三年，1970年，我国第一颗人造地球卫星"东方红一号"成功升入太空。

当外部压力来临时，集中全力科研攻关是突破科技封锁、实现科技成果转化为现实生产力的有效途径，这样的例子不胜枚举。比如袁隆平的杂交水稻攻关，王永民的五笔字型输入法攻关，王选的汉字激光照排系统攻关，中国空间站建设攻关，航空母舰攻关，东风制导攻关，新能源汽车攻关，高速铁路攻关，超高压线路输送攻关，等等，不一而足。这样集国家之力，集人民之智，在"卡脖子"技术上强力突破，尽快实现现实生产力，是反霸权、反垄断的有效方法，是强自身、维和平、促发展的得力举措。

"有心栽花花不开，无心插柳柳成荫。"要高瞻远瞩，着眼未来，遵循科学规律，弘扬科研精神，潜身基础研究，赢得科技未来。

基础研究成果具有超前性，基础研究的重大突破对提高人们认识世界和改造世界的能力，对高新技术产业的形成，对经济发展与社会进步，乃至对人们的生活方式，都将产生深刻的影响和引领作用。科学的伟大发现常常出现在非功利性的基础研究中，英国生物学家弗莱明在他正准备丢弃的培养皿中偶然发现了能抑制细菌生长的霉菌，青霉素由此诞生。德国物理学家伦琴在做实验时惊讶地发现实验室里有一道能穿透厚厚黑纸的耀眼的光，于是X光机诞生了。美国的彭伯顿想发明一种能提神的饮料，实验时不小心掺入的苏打水却让这种饮料味道棒极了，于是"可口可乐"诞生了。

科学研究中的意外和意外参加科学研究一样的神奇，有许多人并非着意研究却有了不朽的建树。如杭州的冯正洋先生，他只是喜欢思考和研究，虽是一介平民却研发出了泡沫终止剂、混凝土凝结剂和内燃机富氧器，当别人侵用他的研究成果申请了专利并赚得盆满钵满时，他还不知道自己被侵权了。冯正洋先生中学时的老师为了培养他的学习兴趣，曾将几何学上的三大难题当作家庭作业留给他，不料他却60年如一日不停地思考、推理、演算，终于破解了其中的两道：三等分角问题和倍立方问题。爱因斯坦当年提出广义相对论时，全世界还有三个人能看懂，但冯先生解出的这两道几何难题，至今还没有哪个数学家敢判定他是否已经破题。据国家知识产权局统计，我国每年申报的专利项目中有 60% 至 80% 是民间科学家做出的。这些凭兴趣的无功利研究却往往做出了惊世骇俗的成就，形成了巨大的现实生产力。

《财经杂志》2022 年曾撰文称：目前，我国科技成果的转化率仅为 30% 左右，而发达国家这一指标为 60% 至 70%。科技转化率低的现状既给我们警醒，也给我们动力，更给我们指明了方向。实践出真知，攻关破困局，基础赢未来，在将科技成果转化为现实生产力的道路上，期待真抓实干，期待八仙过海，期待赢取未来。

本文用"理论与实践"的思维考量科技发展的问题，阐明了"科技成果一定要转化为现实生产力"的观点。主体部分阐述了将科技成果转化为现实生产力的三种途径，即扎身实践，潜身攻关，着力基础。

就这个论题来说，我们还可以找到更多途径，比如政府培养健康的科技生态、搭建技术交易平台、主动为科研工作者匹配市场等，学术研究机构加强与企业经营的融合、加快跨学科研究等，金融企业对科技研究提供资金支持、保险业主动参与分担科研风险等。

当然，我们还可以从某地、某时段的具体科研行动中思考其"实践与理论"的表现方式、结合程度等。大到当前我国农业机械化研究的理论水平与实践程度，小到你所知道的玉米深加工产品和你们村玉米深加工水平，甚至小到你生活中急需的科技成果及研究现状，比如用拖把拖地时能否发明一种即拖即干技术。这些都能体现理论与实践相结合的思维。

第十六章　物质与精神

一、哲学阐释

物质是独立于人的意识之外的客观实在，指宇宙的一切自然物。

精神指人的意识、思维活动和一般心理状态，它是人内心世界的总和。

唯物主义观点认为，人类社会先有物质，后有精神，物质第一性，精神第二性，物质决定精神，精神反作用于物质，物质与精神是对立统一的关系。

运用"物质与精神"的哲学观点分析问题，首先得承认追求"物质"的合理性，因为物质生活的发展是时代之必然，物质保障是进一步从事精神活动的前提，一味拔高"精神"的作用而置"物质"于不顾显然有失偏颇。

追求"精神"显示境界，精神世界决定了人们的世界观、人生观、价值观，而这一切又将表现在人们对自然界的改造和人与人的关系中，精神世界具有极强的主动性和创造性，能极大地推动物质的发展。

物质是表象，精神是本质，物质是浅层，精神是深层，透过物质可以领悟蕴含的精神，透过精神又能窥见物质的规律，分析问题时能由此及彼，纵横联系，表里沟通，才能做到全面、深刻、辩证。

二、下水作文（1）

【作文题目】

阅读下面的材料，根据要求写作。（2023年新高考I卷）

好的故事，可以帮助我们更好地表达和沟通，可以触动心灵、启迪智慧；好的故事，可以改变一个人的命运，可以展现一个民族的形象……故事是有力量的。

以上材料引发了你怎样的联想和思考？请写一篇文章。

要求：选准角度，确定立意，明确文体，自拟标题；不要套作，不得抄袭；不得泄露个人信息；不少于 800 字。

【下水作文】

好的故事不能是"画"的饼

"画饼充饥"是个成语故事，也是个哲理笑话，画出来的饼即使再好看也不能当饭吃。类比一下，再怎么生动的故事，如果华而不实，解决不了实际问题，那就像画出来的饼，难以满足我们的实际需要，最终不会被我们接受。

这样"画大饼"的故事在历史上并不鲜见。曹操让将士们"望梅止渴"，但终难真正解渴，徒增其奸诈的分量。陈胜"苟富贵，勿相忘"的誓言被他自己摧毁，胜利时，他先把当年的难兄难弟们全忘了，结果自己被车夫刺杀。一些抗日神剧无视历史真相，把日寇刻画成憨大头，傻大个，不堪一击，看似是丑化了帝国侵略，实际是弱化、掩盖了中国军民浴血奋战的悲壮历史。

好的故事应该是真正的"饼"，既能让人民物质富足，又能使人民精神富足。

好的故事讲的不是玄幻、魔幻、意识流，而是正本清源的先进理论、正确思想。山河破碎时，争取民族独立、国家统一的故事就是解决最迫切问题的好故事。所以，李大钊对共产主义的宣讲，毛泽东对新民主主义革命的领导，夏明翰对共产主义信仰的坚守，刘胡兰、江竹筠面对白色恐怖的临危不惧、大义凛然都是好故事。相反，上海鸳鸯蝴蝶派臆想出的风花雪月的故事，资产阶级政客编纂出的天下太平的故事，侵略者捏造出的"东亚共荣"的故事都是画出来的"饼"，做出来的"饵"，如果不擦亮眼睛、运用脑髓、放出眼光，一股脑地抓来就"吃"，轻则精神死亡，重则亡国灭种。1942 年，毛主席在延安文艺座谈会讲话中明确了中国文艺的方向是为人民大众服务，提出社会主义的现实主义是基本的艺术方法。也就是说，用玄幻、魔幻、荒诞手法编造出来的故事充其量是画出来的"饼"，是创作不出真正的好故事的。

好故事的主人公不应该是坐而论道者，更不应该是不食人间烟火的佛仙鬼怪，而是食人间烟火、吃五谷杂粮的人民，他们不一定高大完美，也不可能十全十美，他们有爱恨情仇，有不足，甚至会犯错误，他们也有犯糊涂的时候，也会有讲报酬争名誉的时候，我们要宏观把握，看主流，能容错，只要他的出发点和落脚点是为了维护正义和公理，是为了最广大人民的利益，是为了国家民族的团结，是为了人类与自然的和谐共处和未来可期，那他就是好故事的主人公。

为获得核爆炸后的第一手材料，冲到实验场最前沿徒手抓起原子弹碎片的邓稼先违反了科研常识，但他对国家的赤子之心更加感人；《犯人李铜钟的故事》中的大队党支部书记李铜钟，私自打开公社粮仓放粮是犯罪，但他为救村民性命不顾个人安危的公仆之情更加感人；《高山下的花环》中雷军长对自己的救命恩人可谓不恭不敬，但他遵守军纪、坚守公平的精神更加感人。这些故事，唯其真实，才有血有肉、有风骨、有灵魂，才不是"和真理隔了三层"的"饼"。

好的故事引导我们创建的一定是两个文明，而不是只重精神文明不重物质文明或者反之的单边桥、跷跷板。

中华好故事就是能促进两个文明协同发展、高质量发展的故事，苦行僧不是目的，摆烂、躺平也要不得，更不能道貌岸然、欺上瞒下，只有在满足人民群众两个文明需求中书写出的精彩篇章才是好的故事。

综上所述，好故事不能假，不能虚，不能空，画饼充饥糊弄不了人，只有实实在在为人民烙出的真饼，才能让人民既丰衣足食又精神富足。

本文按照"物质与精神"两结合的思路行文，主体部分从三个角度展开论述。一是好故事作用的两个方面，二是好故事主人公品格的两个侧面，三是好故事引导人类社会的两个方向。这三个角度都体现了"物质与精神"相结合的思想。

思路拓展

我们还可以选取作文材料中任意一个角度，运用"物质与精神"相结合的思想展开论述。用作论据的材料一定是人们公认的好故事，通过分析这些好故事中的物质因素和精神因素来阐述主题。比如，我们以"好故事可以展现一个民族形象"为主题，选取抗美援朝的故事做材料，来展现我们中华民族的形象。既可以阐发故事中的国际主义、爱国主义或英雄主义精神，还可以写我们当时一面打仗，一面发展国内经济的故事。正是我们一边高扬着国际主义、爱国主义和英雄主义的伟大精神，一边紧锣密鼓地开展着国民经济的恢复和发展工作，我们才成功地反制了美国等西方国家的各种封锁，才成功地实现了"边打，边稳，边建"的方略，国内经济才奇迹般地实现了全面恢复，全面恢复的经济反过来又有效地支援了抗美援朝战争。抗美援朝胜利可以说是物质与精神相结合的典型体现。

如果这方面的事例我们掌握得不充分，还可以选用自己耳熟能详的其他事例。比如兰考县县委书记焦裕禄带领兰考人民战胜"三害"发展生产的故事，林县县委书记杨贵带领人民开凿出红旗渠解决人民吃水和灌溉的故事，重庆下庄村党支部书记毛相林带领村民开辟"天路"、发展"三色"经济的故事，再比如自己家劳动致富、帮扶亲朋、重视教育的感人故事等。这些故事都能体现"物质与精神"的结合，也都能以小见大地展现中华民族的形象。

三、下水作文（2）

【作文题目】

阅读下面的材料，根据要求写作。（2023年新高考Ⅰ卷）

好的故事，可以帮我们更好地表达和沟通，可以触动心灵、启迪智慧；好的故事，可以改变一个人的命运，可以展现一个民族的形象……故事是有力量的。

以上材料引发了你怎样的联想和思考？请写一篇文章。

要求：选准角度，确定立意，明确文体，自拟标题；不要套作，不得抄袭；不得泄露个人信息；不少于800字。

【下水作文】

好故事中显精神

我认为，好故事的主人公不一定有经天纬地之才，不一定做出了惊天动地之事，也不一定掘开了滚滚的财富之源，好的故事贵在能体现利国利民的思想，或者达到精益求精的行业精神，或者体现了淡泊名利的豁达胸怀。

本色当行分内事，利国利民天下知。

自古至今，中国历史上各行各业都涌现出了恪尽职守、本色当行的好故事，他们或为国捐躯，或为民尽瘁，英名长存。郑国商人弦高毁家纾难为救国，燕国志士荆轲直刺秦王图燕存，汉代卫青上马击匈奴保汉室边塞安宁，宋代岳飞挥戈退金兵护大宋江山平安，明代郑和七下西洋不惧风险，清朝三元里人民奋力抗英誓保家园，刘胡兰坚守信仰喋血铡刀，张思德牢记初心尽心烧炭，大学生村官秦钥飞将论文"写"在祖国大地，扶贫干部黄文秀将温暖播撒人民心田。这些好故事的主人公无论是金戈铁马沙场征战，还是漂洋过海出没风险，抑或是深入民间默默奉献，他们都胸怀祖国，心装人民，恪尽职守，本色当行，他们的事业都是不朽的事业，他们的故事都是经典的好故事。"苟利国家生死以，岂因祸福避趋之"的佳句，"为人民服务"的箴言，都是他们可贵精神的精准写照。

精益求精无止境，折桂夺冠不争春。

好的故事往往还体现着主人公在事业上精益求精的追求精神，无论是物质财富的创造，还是精神高地的打造。其实，世上任何一项事业都是无止境的事业，物质生产无止境，精神创造无上限，科学发展无穷尽，人类前行不停息。雷锋同志曾说："我要把有限的生命，投入到无限的为人民服务中去。""无限的为人民服务"就是要守住"干一行爱一行"的底线，更是要追求"干一行出彩一行"的理想。

当日寇大肆侵吞我们的国土，神州大地竟"容不下一张安静的书桌"，西南联大的师生们辗转数千公里来到昆明，敌机追炸到昆明，西南联大的师生毫不退缩，教授们在租来的民居里，在防空洞里，甚至在牛圈里，一边向学生们传播知识与真理，一边向着学术的高地挺进。在这里，闻一多探寻出了中国上古神话的源头；在这里，华罗庚完成了数学名著《堆垒素数论》；在这里，朱自清写出了《经典常谈》；在这里，费孝通撰写了《乡土中国》。在炮火纷飞的昆明，西南联大的教师们在孜孜不倦地教，西南联大的学生们在如饥似渴地学，他们共同书写了中国知识分子用知识挽救民族危亡的壮丽诗篇！

正是有了极致的追求，我国的"北斗"导航才做到了精度与速度齐飞，我国的华为通讯才做到了质量与服务双峙，我国的高铁技术才做成了世界标准，我国的超高压输电技术才达到了无可争议的世界第一，我国的乒乓军团才创造了冠、亚、季军包揽的神话，我国倡导的人类命运共同体思想才能将世界上所有坚持正义、爱好和平、追求发展的人们联结为一体。当然，我们的国家是大国做强不称霸，我们的个人和团体也要像雪崖梅花：俏也不争春，只把春来报！

淡泊名利轻荣辱，豁达坦荡是人生。

马克思讲过：在科学上没有平坦的大道，只有不畏劳苦沿着陡峭山路攀登的人，才有希望达到光辉的顶点。任何一项事业都不会一帆风顺，也不可能一蹴而就，在困难面前，好故事的主人公往往能看淡荣辱，豁达坦荡，直面困难，继续前行。在面对困难时，毛泽东站在正义立场，把握世界大局，高瞻远瞩，明确指出"星星之火，可以燎原"，鼓舞了中国人民抗战的信心和决心、勇气和斗志，最终夺取了抗战的胜利。在面对困难时，陕北红军开垦南泥湾，将干旱的荒原改造成陕北的江南，成功粉碎了敌人的经济封锁。在面对困难时，中国政府保持经济的独立，沉着应对，坚持人民币不贬值，以巨大的自我牺牲精神，体现了大国担当，帮助亚洲各国人民顺利渡过了亚洲金融危机。在面对困难时，中国政府保持政治清醒，一以贯之，实行独立自主和平外交政策，坚持和平共处五项基本原则，把握"和平"与"发展"的世界方向，以人类命运共同体理念为主导，积极斡旋，为动荡的世界局势降温、减压，做好世界安全的擎天柱和压舱石。

《菜根谭》上说：宠辱不惊，闲看庭前花开花落；去留无意，漫随天外云卷云舒。毛泽东在长征诗中写道：五岭逶迤腾细浪，乌蒙磅礴走泥丸。世上有错综复杂之事，世上亦有抱朴守真之人，只要一心干正事，就会无惧失败，只要一心谋发展，就能豁达坦荡。这样的人是大智之人，这样的人做的事也必是大好之事。

好故事的可贵精神千千万万，但我认为，利国利民的精神，精益求精的追求，淡泊名利的胸怀是好故事诸多可贵精神中尤其可贵者。

思路解析

本文从材料中"故事是有力量的"这个角度，抓住好故事的"精神"力量立意，将好故事众多精神中的"利国利民""精益求精""淡泊名利"作为重点，这三种精神力量来自生活，源于实践，体现了"物质与精神"相统一的思想。

思路拓展

除了以上三个方面的精神，我们还可以从其他的精神立意，比如好故事中的"公平正义精神""团结协作精神""济困救弱精神""艰苦朴素精神""慎始敬终精神""尊老爱幼精神""持之以恒精神"等。写作者如果在某个方面占有的理论论据或事实论据比较充足，就可以从这个方面立意。这样，确定了三四个立意后，再根据考场和现实需要，择优写作。

我们还可以选取材料中的其他角度立意，比如"触动心灵、启迪智慧"，仍可以利用上文中所选取的材料，阐述这些好故事是"怎样触动了心灵"的，触动了"怎样的心灵"，是"怎样启迪智慧"的，启迪了"怎样的智慧"，从而体现好故事中的精神力量，体现"物质与精神"相结合的思想。

四、下水作文（3）

【作文题目】

阅读下面的材料，根据要求写作。（2024年高考新课标Ⅰ卷）

随着互联网的普及、人工智能的应用，越来越多的问题能很快得到答案。那么，我们的问题是否会越来越少？

以上材料引发了你怎样的联想和思考？请写一篇文章。

要求：选准角度，确定立意，明确文体，自拟标题；不要套作，不得抄袭；不得泄露个人信息；不少于800字。

【下水作文】

科学研究具有双重价值

互联网科技为我们人类社会创造了巨大财富，无数领域以"互联网＋"的模式破茧化蝶。人工智能为人类社会工作、学习、生活带来了崭新的变化，智能化制造催生了蓬勃发展的新产业，个性化产品也大大提高了我们的生活质量。借助互联网和人工智能，人类许多急难愁盼的问题迎刃而解，科技给我们人类创造了巨大的价值。

科技是推进社会物质财富生产的决定性力量。

粮食深加工技术使米粒变为米饼，味道更美，价格倍增。果品深加工技术使山果变为饮品，汁醇味正，价格飘红。元素合成新材料，使价值翻番。冶炼技术使矿石变为金锭，价值裂变。举目四望，哪里的发展离得开科技的赋能？

尤其是人类进入第三次工业革命之后，原子能技术、航天技术、电子技术、生物技术等都得到了长足的发展，卫星升空、人类登月成为现实，社会财富骤增。21世纪初，以智能化为标志的第四次工业革命方兴未艾，信息科学迈向数字化、智慧化时代，科技促进了产业的大幅调整和快速升级，"万物互联，万物智能"的时代使整个人类联系得更紧密，合作得更广泛，交流得更深入，创造的财富更多。两次工业革命使世界人口由24亿增加到78亿，人均GDP从不足200美元增长到上万美元。这些成就的取得，离不开世界人民的辛勤劳动，也离不开科技的持续发力。

在科技发展的浩荡春潮中，有急流，有险滩，有波峰，也有波谷，正是靠着科技工作者、人民群众的共同智慧，人类的方舟才得以搏急流，抢险滩，行稳致远。人类智慧才凝结出了伟大的科学精神。

这种精神首先是为人类谋福利的协作精神。正是这种精神的鼓舞，"二战"时同盟国的数十万科学家积极投身"曼哈顿计划"，争分夺秒、加紧科研，才赶在纳粹前面制造出了原子弹，为世界反法西斯战争的尽早胜利奠定了物质基础。正是这种精神的鼓舞，国际上才开展了广泛而深入的人类基因组计划、环境保护行动、维和维稳行动、抗疫防疫行动，科技在《联合国宪章》框架内向着有利于人民福祉，向着和平与发展的方向，向着可持续发展的道路，向着蔚蓝星球繁荣昌盛的未来取得了辉煌的成就。

其次是为现象求真理的科学精神。

求真曾让"地心说"退位、"日心说"确立，求真又让"日心说"下场、宇宙观形成。求真打破了水稻不可杂交的神话，求真改变了动物不可以无性繁殖的认知，求真破解了人类基因密码，求真使古老的飞天梦想成真，求真使玄想的黑洞理论得到证实，求真使太空漫步也切实可行。斯大林曾说："科学之所以叫科学，是因为它不承认偶像，不怕推翻过时的旧事物。"爱因斯坦说："追求客观真理和知识是人的最高和永恒的目标。"他还说："在真理的认识方面，任何以权威者自居的人必将在上帝的嬉笑中垮台。"

第三是为祖国而献身的爱国精神。

科学可以无国界，但科学家有国籍。当人类还没有消灭阶级，当霸权主义、强权政治还没有绝种，国家、民族、地区之间的冲突就在所难免，在事关国家民族利益方面，科学家必须保持爱国精神。觉察到美苏对祖国的威胁，钱学森立马想到了报国，一听到中华人民共和国成立的消息，他就挈妇将雏，启程回国，即使被美国当局囚禁、关押、威胁也动摇不了他归国报效之志。爱国使邓稼先放弃美国提供的优越工作和生活条件，义无反顾地回到祖国，为了祖国的国防事业甘当无名英雄，默默奋斗数十载，他总是在关键时刻出现在关键的岗位上，直至献出自己的生命。爱国使钱七虎许党报国一甲子，为国铸盾六十年。爱国使钟南山大疫面前不让步，逆行向死赴前线。

物理学家钱伟长说："我没有专业，国家的需要就是我的专业。"地质学家李四光说："我是炎黄的子孙，理所当然地要把所学到的知识，全部献给我亲爱的祖国。"铁路工程学家詹天佑说："生命有长短，命运有沉升，所幸我的生命，能化成匍匐在华夏大地上的一根铁轨。"

第四是为生命而善待自然的敬畏精神。

科学技术是帮助人类改造自然、适应自然而不是掠夺资源、破坏自然的，科技是造福人类而不是荼毒生灵的，科技是为了人类长治久安而不是自取灭亡的。科技工作者要敬畏生命、敬畏自然、敬畏科学。

有"原子弹之父"之称的美国科学家奥本海默是人类第一颗原子弹的总设计师，他领衔设计原子弹的目的是响应同盟国要求，要赶在纳粹德国之前制造出原子弹，以免被杀人恶魔掌握了这一尖端武器滥杀无辜。当他听说苏军已攻克柏林，希特勒已经自杀，日军也开始节节败退，同盟军取胜已毫无悬念时，他曾提请当局放弃使用原子弹，但他最终没能阻止住，"小男孩""胖子"先后投爆日本的广岛、长崎，20余万生命因之消逝，两座城市化为废墟。奥本海默非常自责，他认为他和他领导的团队并没有增加全人类的福祉，而是给整个文明蒙上了阴影，他觉得自己双手沾满了鲜血，从此，奥本海默终生不再从事核研究事业。奥本海默的自责实质上是对生命的敬畏。

奥地利化学家舒施尼发明了轻便廉价的塑料袋，但他后来发现塑料袋无法降解，给环境造成了极大污染。1921年，他连续三天彻夜未眠地做实验，但最终仍然无法找到可以降解塑料袋的方法，最后，绝望的他选择了自杀。他在最后的实验笔记中写道，自己的工作本来是想造福社会，如今却令他深感愧疚。对全人类的负罪感使他无颜再继续活下去。

科技不单是密密麻麻的数据，也不是冷冰冰的机器，它站在永续发展的高度，带着呵护人类的温度，饱含着舍身爱国的热度，守着敬畏自然的限度。认识科技的多重价值，才能保证科技发展的正确方向，遵循科学研究的规律，发扬科学研究的精神，让科技为人类解决更多的问题，让科技为我们人类发展铺平道路，让科技为我们人类文明缔造幸福。

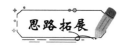

思路解析

本文从"物质与精神"的角度思考科技的价值，主体内容包括两部分。第一部分提出了"科技是推进社会物质财富生产的决定性力量"这一观点，举例阐释了科技在物质财富生产方面的突出贡献，是略写。第二部分过渡到对科技发展中凝结出的伟大科学精神的发掘，从协作精神、求真精神、爱国精神、敬畏精神四个角度论述，是详写。

思路拓展

依据"物质与精神"的辩证关系，我们还可以将写作视角投向其他领域，比如中国新能源汽车制造中的超越精神，杭州娃哈哈饮品生产中的爱国精神，珠海格力电器制造中的追求极致精神，港珠澳大桥建设中的攻关精神，中国航空航天工业中的国际共享精神。也可以将视角缩小，写你种植一棵花草时的坚持精神，你炒制一道菜肴中的严谨精神等。围绕"科技"这一主题，依据"物质与精神"的辩证思路，将这些素材扩展充实，就是一篇符合要求的好文章。

【本书重要参考资料】

1.《马克思恩格斯全集》

2.《毛泽东选集》

2.《求是》（2019.1）

3.《高中作文哲学思辨与议论文写作二十课》（李建生主编）